Vert

Gill Ramage

Heinemann Educational Publishers, Halley Court, Jordan Hill, Oxford OX2 8EJ
A division of Reed Educational & Professional Publishing Limited

Heinemann is a registered tragemark of Reed Educational & Professional Publishing Limited

OXFORD MELBOURNE AUCKLAND IBADAN
BLANTYRE JOHANNESBURG GABORONE
PORTSMOUTH (NH) USA CHICAGO

© Gill Ramage 2001

First published 2001

06 05 04 03 02 01
10 9 8 7 6 5 4 3 2 1

A catalogue record is available for this book from the British Library on request.

ISBN 0 435 38026 5

Produced by Ken Vail Graphic Design
Original illustrations © Heinemann Educational Publishers 2001

Illustrations by Celia Hart, Sylvie Poggio Artists Agency (James Arnold, Nick Duffy, Belinda Evans, Roger Haigh, Rosalind Hudson, Simon Jacob, Paul McCaffrey), Chris Smedley

Cover design by Miller, Craig and Cocking

Cover photograph by Paul Raferty

Printed and bound in Spain by Mateu Cromo

Acknowledgements

The author would like to thank Pete Milwright, Anne-Claire Robert, Ronya Hills, Monique Wilson, Muriel Lawrence, Hillary Plumer, Alex Bartley, Lynn and Alison Ramage, Gaëlle Amiot-Cadey, Nathalie Barrabé and the students of the Association Cours D'Art Dramatique, Rouen, François Casays at Accès Digital and the staff and students of the Collège Roquecoquille, Chateaurenard for their help in the making of this course.

Special thanks to Pete, and my family.

The author and publishers would also like to thank the following for permission to reproduce copyright material: Popperfoto/Reuters p. 20 (The Simpsons)

Photographs were provided by Popperfoto/Reuters p. 77 (Madonna), p. 77 (Fabien Barthez), The Kobal Collection/Danjaq LLC/Keith Hamshere p. 39 (The World is not Enough), p. 77 (Inspector Gadget), Corbis p. 69 (Christmas market), p 69 (Easter in the Caribbean), Camera Press p. 77 (Prince William), p. 77 (Kate Winslet), Ancient Art & Architecture Collection Ltd/R Sheridan p. 77 (Carnac Standing Stones). All other photos are provided by Martin Soukias and Heinemann Educational Publishers.

Every effort has been made to contact copyright holders of material reproduced in this book. Any omissions will be rectified in subsequent printings if notice is given to the publishers.

Tel: 01865 888058 www.heinemann.co.uk

Table des matières

	Études	
	Déjà vu	6
Unité 1	*Emploi du temps* Talking about your timetable	10
Unité 2	*Mon collège* Describing your school	12
Unité 3	*Après le collège …* Talking about further education plans	14
	Entraînez-vous	16
	Mots	18

	Chez moi	
	Déjà vu	20
Unité 1	*Je vous présente ma famille* Talking about your family Talking about what people look like	24
Unité 2	*Comment êtes-vous?* Describing personality	26
Unité 3	*Aider à la maison* Talking about helping at home	28
	Entraînez-vous	30
	Mots	32

	Temps libre	
	Déjà vu	34
Unité 1	*Qu'est-ce qu'on va faire aujourd'hui?* Understanding information about leisure activities	38
Unité 2	*Invitations* Inviting people out and understanding invitations	40
Unité 3	*Cela s'est bien passé?* Talking about the past	42
	Entraînez-vous	44
	Mots	46

	Au boulot	
	Déjà vu	48
Unité 1	*Qu'est-ce que vous voulez faire dans la vie?* Talking about your future career	50
Unité 2	*Avez-vous un job?* Talking about part-time jobs and work experience	52
Unité 3	*Le monde du travail* Looking for a job in France	54
Unité 4	*La communication* Using the telephone	56
	Entraînez-vous	58
	Mots	60

Ma ville
Déjà vu … 62
Unité 1 *Voici ma ville* … 66
Describing a town
Unité 2 *Qu'est-ce que c'est qu'une ville typique?* … 68
Saying what there is in a town
Describing a local festival
Unité 3 *Nos environs* … 70
Making comparisons and explaining pros and cons
Entraînez-vous … 72
Mots … 74

Aux magasins
Déjà vu … 76
Unité 1 *On fait un pique-nique* … 78
Buying quantities of food
Unité 2 *Les fringues* … 80
Buying clothes
Unité 3 *Au grand magasin* … 82
Shopping in a department store
Talking about pocket money
Unité 4 *À la poste et à la banque* … 84
Sending letters and parcels, and exchanging currency
Entraînez-vous … 86
Mots … 88

En vacances
Déjà vu … 90
Unité 1 *L'année dernière …* … 94
Saying what you did on holiday last year
Unité 2 *Au syndicat d'initiative* … 96
Dealing with tourist information
Unité 3 *À l'hôtel* … 98
Booking in at a hotel
Entraînez-vous … 100
Mots … 102

Bienvenue en France!
Déjà vu … 104
Unité 1 *Voici ma maison* … 108
Describing a house and its room
Unité 2 *La télé* … 110
Talking about TV and films
Unité 3 *On sort manger* … 112
Going out to a restaurant
Entraînez-vous … 114
Mots … 116

	En bonne forme	
	Déjà vu	118
Unité 1	La routine	120
	Talking about your daily routine	
Unité 2	Avez-vous la pêche?	122
	Talking about food preferences and healthy eating	
Unité 3	Ça ne va pas	124
	Dealing with illness	
Unité 4	Ça vaut le risque?	126
	Talking about smoking, alcohol and drugs	
	Entraînez-vous	128
	Mots	130

	Le transport	
	Déjà vu	132
Unité 1	Pardon, madame …	136
	Finding the way around town	
Unité 2	À la gare SNCF	138
	Coping at the station	
Unité 3	Trop de voitures?	140
	Talking about traffic and transport problems	
	Entraînez-vous	142
	Mots	144

Module 1	Études	À toi!	146
Module 2	Chez moi	À toi!	148
Module 3	Temps libre	À toi!	150
Module 4	Au boulot	À toi!	152
Module 5	Ma ville	À toi !	154
Module 6	Aux magasins	À toi !	156
Module 7	En vacances	À toi !	158
Module 8	Bienvenue en France	À toi !	160
Module 9	En bonne forme	À toi !	162
Module 10	Le transport	À toi !	164

Grammaire	166
Vocabulaire anglais-français	181
Vocabulaire français-anglais	183
Les instructions	191

Déjà vu

MODULE 1 — Études

1. Je ne comprends pas.
2. Je ne sais pas.
3. Répétez, s'il vous plaît.
4. Que veut dire 'requin' en anglais?
5. Comment dit-on 'help!' en français?
6. C'est correct?

1a Faites correspondre la phrase et l'image.
Match each sentence with the right picture.

1b Identifiez l'image. (1–6)
Identify the right picture.

Le détective

Articles

	Masc.	Fem.	Plural
the	le/l'	la/l'	les
a/some	un	une	des
my	mon	ma	mes

Pour en savoir plus ➡ page 167, pt 2

6 six

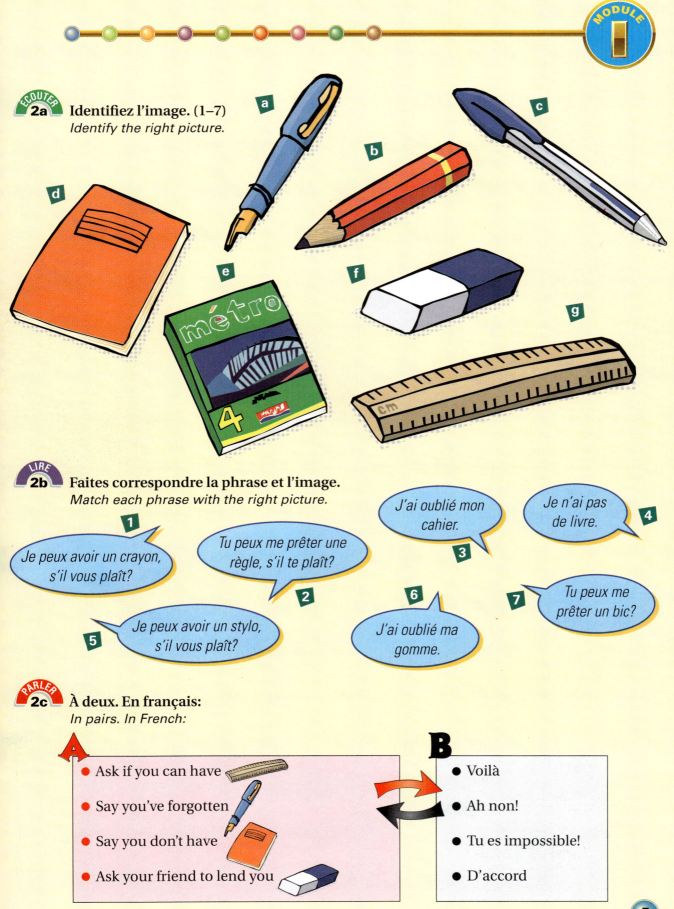

Déjà vu

3a Identifiez les symboles. (a–l)
Identify the right symbol.

J'adore	l'allemand	le dessin
J'aime	l'anglais	le français
Je n'aime pas	l'histoire	le sport
Je déteste	l'informatique	les maths
	la géographie	les sciences
	la musique	
	la technologie	

3b Copiez et complétez la grille en français. (1–8)
Copy and complete the grid in French.

	1	2	3
🙂	anglais dessin		
☹	technologie		

Le détective

-er verbs
Most French verbs end in **-er** in the dictionary, and are called **-er** verbs. Remember, you must **change the ending** on the verb before you use it. The endings are:

je aim**e**	nous aim**ons**
tu aim**es**	vous aim**ez**
il/elle/on aim**e**	ils/elles aim**ent**

Pour en savoir plus ➔
page 168, pt 3.2

3c À deux. Posez la question et donnez une réponse pour chaque symbole.
Ask the question and give an answer for each symbol.

Exemple:

● Tu aimes ?
● Oui, j'adore .

Always put **l'**, **le**, **la**, or **les** in front of the school subject when talking about likes/dislikes.

3d Écrivez votre opinion sur chaque matière.
Write your opinion of each subject.

Exemple: Je n'aime pas l'anglais.

8 huit

4a Notez l'heure. (1–10)
Note the time.

```
8:00  huit heures
8:30  huit heures et demie
8:15  huit heures et quart
7:45  huit heures moins le quart
8:05  huit heures cinq
7:55  huit heures moins cinq
12:00 midi/minuit
```

 4b Faites correspondre l'heure et la phrase.
Match up the time with the right phrase.

Exemple: = g

a quatre heures
b neuf heures moins le quart
c midi dix
d quatre heures moins vingt-cinq
e huit heures moins cinq
f neuf heures et quart
g cinq heures vingt
h onze heures et demie

 4c À deux. Notez 5 heures EN SECRET. Dites les heures à votre partenaire en français. Votre partenaire note les heures. Comparez vos résultats.
In pairs. Write down 5 times in secret. Say the times to your partner in French. Your partner notes the times you say. Compare your results.

Exemple:

A	B
● 9:10	● 9:10

neuf heures dix

1 *Emploi du temps*

Talking about your timetable

  1a Copiez et complétez pour le collège de Flore:

	lundi	mardi	mercredi	jeudi	vendredi	samedi
8h	chimie	anglais		français	français	
9h	espagnol	maths		maths	maths	
10h			récréation			EPS
10h15	biologie	français		anglais	anglais	EPS
11h15	biologie	études		histoire-géo	histoire-géo	physique
12h15			pause de midi			
14h	maths	espagnol		physique	espagnol	
15h	français	musique		dessin	technologie	
16h	histoire-géo	chimie		dessin	technologie	

C.E.S. JULES VERNE

1 Mon collège s'appelle ▬.
2 Normalement, le collège commence à ▬ et finit à ▬.
3 Il y a une récréation à ▬.
4 La pause de midi est à ▬.
5 D'habitude, on a ▬ cours le matin et ▬ cours l'après-midi.
6 Un cours dure ▬ minutes.
7 On va au collège tous les jours sauf le ▬ et le ▬.
8 Comme matières, j'ai ▬, ▬, ….

EPS *sport*
EMT *technology*

  1b Écoutez l'interview sur un autre collège en France. Complétez les mêmes huit phrases en français.

  1c Répondez à ces questions pour votre collège.

1 Comment s'appelle votre collège?
2 Le collège commence et finit à quelle heure?
3 Il y a une récréation à quelle heure?
4 La pause de midi est à quelle heure?
5 Vous avez combien de cours par jour?
6 Un cours dure combien de temps?
7 Quels jours allez-vous au collège?
8 Quelles sont vos matières?

  1d À deux. Préparez cette conversation en français:

A
- Ask what time school starts
- Ask when break is
- Ask how long lessons last
- Ask how many lessons there are each day

B
- Say school starts at 8:30; 8:50; ?
- Say break is at 11:00; 11:10; ?
- 50 mins; 30 mins;?
- Say 5; 6; ?

Le détective

-ir verbs

je finis   nous finissons
tu finis   vous finissez
il/elle/on finit ils/elles finissent

Pour en savoir plus ➔
page 169, pt 3.2

2a Pourquoi préférez-vous certaines matières? Faites correspondre les raisons et les images.

1. C'est facile.
2. C'est difficile.
3. C'est ennuyeux.
4. C'est intéressant.
5. Je suis fort en … .
6. Je suis faible en … .
7. Le prof est sympa.
8. Le prof est trop sévère.
9. C'est très utile.
10. J'ai trop de devoirs.

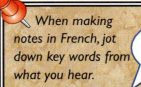

2b Flore parle de ses matières. Copiez la grille. Complétez en français.

Matière	Opinion + raisons
le dessin	✔ prof est sympa,…

2c Écrivez ces phrases en français.

Exemple: a J'aime les maths car le prof est sympa et c'est intéressant.

a   car
b   car
c   car
d   car
e   car
f   car

> When making notes in French, jot down key words from what you hear.
>
> *Le professeur est très sympa et les cours sont intéressants.*
>
> prof sympa/c'est intéressant

> **Car** and **parce que** both mean **because**. Give more than one reason if you can.

Le détective

Depuis

J'apprends le français **depuis** 4 ans = I have been learning French for 4 years.

Pour en savoir plus ➡ page 169, pt 3.2

3a Écrivez la langue et depuis quand ils l'apprennent. (1–5)

Exemple: 1 anglais – 5 ans

3b Vous apprenez ces matières depuis quand? Dites-le en français.

Exemple: 1 *J'apprends le français depuis 4 ans.*

1 x 4 ans
2 x 3 ans
3 x 6 ans
4 x 3 ans
5 x 8 ans

onze 11

2 Mon collège

Describing your school

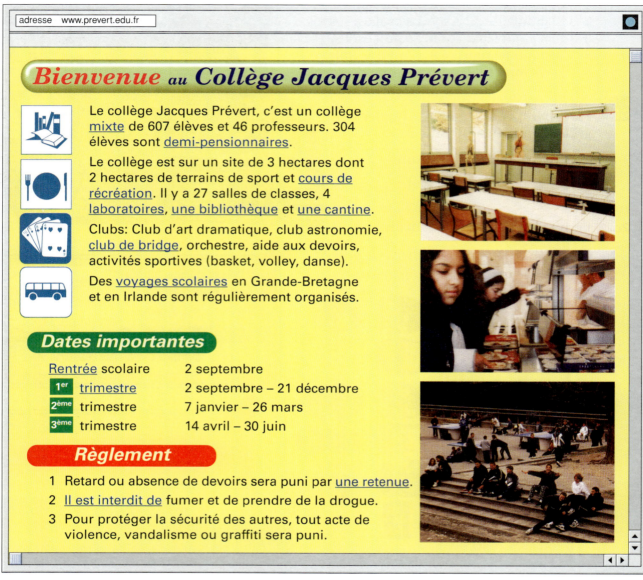

Bienvenue au Collège Jacques Prévert

Le collège Jacques Prévert, c'est un collège mixte de 607 élèves et 46 professeurs. 304 élèves sont demi-pensionnaires.

Le collège est sur un site de 3 hectares dont 2 hectares de terrains de sport et cours de récréation. Il y a 27 salles de classes, 4 laboratoires, une bibliothèque et une cantine.

Clubs: Club d'art dramatique, club astronomie, club de bridge, orchestre, aide aux devoirs, activités sportives (basket, volley, danse).

Des voyages scolaires en Grande-Bretagne et en Irlande sont régulièrement organisés.

Dates importantes

Rentrée scolaire	2 septembre	
1er trimestre	2 septembre – 21 décembre	
2ème trimestre	7 janvier – 26 mars	
3ème trimestre	14 avril – 30 juin	

Règlement

1 Retard ou absence de devoirs sera puni par une retenue.
2 Il est interdit de fumer et de prendre de la drogue.
3 Pour protéger la sécurité des autres, tout acte de violence, vandalisme ou graffiti sera puni.

1a Copiez les 12 mots soulignés dans le texte. Trouvez la définition.

Exemple: mixte = (4) il y a des garçons et des filles

1 Ici, on prête des livres.
2 Ici, on joue aux cartes.
3 Le 1er jour au collège après les grandes vacances.
4 Il y a des garçons et des filles.
5 On n'a pas le droit de …
6 On mange ici.
7 L'année scolaire est divisée en trois.
8 On joue ici pendant la récréation.
9 Il faut rester au collège après les classes.
10 Ils mangent le déjeuner à la cantine.
11 On apprend les sciences ici.
12 On part avec les camarades de classe.

 1b Flore parle de son collège. Répondez aux questions.

1. C'est quelle sorte de collège?
2. Il y a combien (a) d'élèves?
   (b) de professeurs (c) de demi-pensionnaires?
3. Il y a combien de salles de classe?
4. Qu'est-ce qu'il y a d'autre dans le collège?
5. Quels clubs est-ce qu'il y a?
6. Est-ce qu'il y a des voyages scolaires?
7. Quelle est la date de la rentrée scolaire?
8. Qu'est-ce qu'on n'a pas le droit de faire?

 1c À deux. Posez les questions ci-dessus à votre partenaire sur votre collège.

> You can often use part of the question to answer in a full sentence (which gains more marks).
> **Exemple:** 1 C'est ... un collège mixte.

 2a Lisez les opinions de l'uniforme scolaire. Écrivez P (*positif*) ou N (*négatif*).

1. Il est interdit de porter du maquillage, et ça, c'est bête.
2. L'uniforme encourage la bonne discipline, mais coûte cher.
3. J'aime porter des vêtements à la mode.
4. C'est démodé.
5. Il est dangereux de porter des bijoux au collège.
6. C'est plus chic de porter l'uniforme.
7. L'uniforme scolaire, c'est pratique et confortable.

En France, il n'y a pas d'uniforme scolaire. On a le droit de porter ce qu'on veut.

 2b Pour chaque opinion, écrivez POUR ou CONTRE l'uniforme. (1–7)

 2c Qu'est-ce que vous pensez de l'uniforme? Donnez votre opinion en français.

Exemple: Je suis pour/contre l'uniforme scolaire parce que ...

 3 Écrivez un paragraphe sur le règlement dans votre collège.

Le détective

Infinitives

After expressions like il faut and il est interdit de/d' you need to use the **infinitive**. This is the verb in its unchanged form, as you find it in the dictionary.
Exemple: avoir = *to have*. Il est interdit d'**avoir** des piercings.

Il faut	porter	l'uniforme scolaire
On a le droit de/d'	avoir	des baskets
On n'a pas le droit de/d'		des piercings
		du maquillage
Il est interdit de/d'		des bijoux
		les cheveux bizarres

Pour en savoir plus ➡ page 168, pt 3.1

3 Après le collège ...

Talking about further education plans

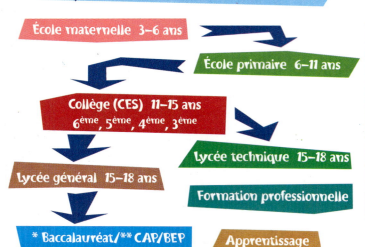

Le détective

The near future
To say what is going to happen in the future, use aller + infinitive.
Exemple: Je vais faire un apprentissage.
Elle va aller au lycée technique.

je vais	nous allons
tu vas	vous allez
il/elle/on va	ils/elles vont

Pour en savoir plus ➡ page 170, pt 3.5

* examen général qui correspond à nos A-levels
** examens qui correspondent à nos GNVQs

 1a Qu'est-ce qu'ils vont faire après le collège? (1–5)

 1b Lisez la lettre de Flore. Remplissez les blancs avec un de ces verbes.

faire	étudier	passer
être	aller	quitter
continuer		

L'année prochaine, je vais ▱ mes examens en juin. Puis je vais ▱ le collège. Après les vacances, je vais ▱ mes études au lycée. Je vais ▱ six matières. Après trois ans, je vais ▱ mon bac. Si possible, je vais ▱ à l'université parce que j'espère ▱ ingénieur.

 1c Écrivez ces phrases en français.

1 She is going to leave school.
2 He is going to continue his studies.
3 She is going to be a teacher.
4 I am going to sit my exams next year.
5 I am going to stay at my school.

📌 Take each sentence a bit at a time:
Exemple: 1
She is going (look at the verb *aller*) → elle va
to leave (find the infinitive) → quitter
school (find on this page) → le collège

1d Préparez 2 ou 3 phrases sur ce que vous allez faire l'année prochaine. Joignez vos phrases avec: **d'abord** (*first of all ...*)/ **après** (*afterwards ...*)/ **ensuite** (*then ...*).

2 Lisez ces e-mails, copiez la fiche et notez les details. Écrivez en français.

> *si = if*
> Starting your sentence with **Si** makes it more complex, therefore you get more marks.
> **Exemple:** Si possible, je vais aller à l'université.
> Si j'ai de bonnes notes, je vais faire mon bac.
> Si mes résultats sont excellents, je vais étudier les langues et les maths.

1

Fichier Édition Affichage Insertion Format Outils Message
Répondre   Répondre à tous   Transférer

Salut! En réponse à votre sondage, je vous informe que je vais d'abord passer mes examens – j'espère que je vais réussir! Ensuite, je vais partir en vacances avec ma famille. On va aller dans le Midi. À la fin des vacances scolaires, je vais reprendre mes études. Je suis impatiente! J'espère que mes réponses vous aideront dans votre recherche.
alice.k@caramel.com

2

Fichier Édition Affichage Insertion Format Outils
Répondre   Répondre à tous   Transférer

Coucou!
Voici mes priorités! Je vais passer mon bac et puis je vais gagner un peu d'argent. Je vais travailler dans un magasin en ville – une petite boutique sympa. C'est une sorte de stage. La propriétaire est anglaise et je vais essayer de perfectionner mon anglais pendant ce temps.
À la rentrée, je vais continuer mes études à la fac.
elsa.pr@aol.com

3

Fichier Édition Affichage Insertion Format Outils
Répondre   Répondre à tous   Transférer

Salut! Voici ma réponse! Je vais voyager autour du monde. Je veux visiter l'Afrique francophone – le Sénégal et le Cameroun – je vais ensuite tenter ma chance au Vietnam et au Laos. Après, je vais atterrir en Amérique du sud. Quelle aventure. Je vais passer six mois à voyager et puis je vais faire un apprentissage de plombier. Ils sont indispensables les plombiers!
alex.genno@worldonline.fr

Nom: ....
Adresse e-mail: ....
Intentions après ses examens: ......
....

> When you are filling in forms in French, think carefully about the grammatical form you should be using. Here, for example, you can lift the infinitives from the text.
> **Exemple:** partir en vacances

quinze 15

1 You are in a French lesson at your penfriend's school.

A
- Qu'est-ce que tu veux?
- Je n'en ai pas, moi. Demande à Marc
- Une minute. Voilà
- De rien. Tu aimes le français?
- Moi aussi

B
- Ask for ONE of these items
- Say you don't understand
- Say thank you
- Give your opinion

2 You are on your way to school with your French penfriend.

A
- Ton collège commence à quelle heure?
- Les cours durent combien de temps?
- Quelle est ta matière préférée, et pourquoi?
- Moi, je suis faible en anglais
- Moi aussi

B
- Say what time your school starts
- Say how long a lesson lasts
- Answer the question!
- Say that you are good at art and maths
- !

3 Talk for 1 minute about your school. Make a cue card to help you remember what to say and include as many symbols as you want.

In the GCSE exam, you will have to talk for a short while about a subject of your own choice. Throughout the book, we will practise this skill, as confidence is the key. You are allowed notes and/or pictures to help you.

Your examiner may ask …
Il y a combien de cours par jour?
Quelle matière est-ce que tu n'aimes pas? Pourquoi?
Tu aimes le français? Pourquoi (pas)?
Fais-moi la description de ton collège.
Qu'est ce que tu penses de ton collège?

The Q box suggests questions that your examiner may ask you in the General Conversation part of your speaking exam.

1 Read this letter about school subjects and then write a reply, using the letter as a model.

> Salut!
>
> Mon collège s'appelle 'Collège Hélène de Fonseque'. Au collège, je fais six matières: le français, les maths, la musique, le sport, l'informatique et le dessin. Ma matière préférée, c'est le dessin parce que j'adore le professeur. J'aime aussi le français car c'est facile, et le sport car j'adore le volley. Je n'aime pas la musique car c'est difficile. À mon avis l'informatique, c'est ennuyeux. Je suis fort en dessin mais je suis faible en musique.
>
> Et toi? Comment s'appelle ton collège? Quelles matières est-ce que tu fais? Qu'est-ce que tu aimes et qu'est-ce que tu n'aimes pas? Qu'est-ce que tu vas faire après le collège?
>
> Loic

📌 In any piece of written work in an exam, whether coursework or practice for the exam, you should follow 2 key pieces of advice:
1 Use what you have learned in class.
2 Show off what you know.

2 Write an article of 70–100 words in French about your school.

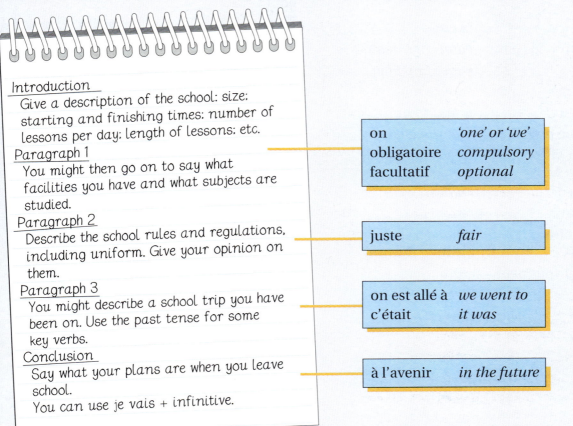

Introduction
Give a description of the school: size; starting and finishing times; number of lessons per day; length of lessons; etc.

Paragraph 1
You might then go on to say what facilities you have and what subjects are studied.

Paragraph 2
Describe the school rules and regulations, including uniform. Give your opinion on them.

Paragraph 3
You might describe a school trip you have been on. Use the past tense for some key verbs.

Conclusion
Say what your plans are when you leave school.
You can use je vais + infinitive.

on	'one' or 'we'
obligatoire	compulsory
facultatif	optional

| juste | fair |

| on est allé à | we went to |
| c'était | it was |

| à l'avenir | in the future |

dix-sept

Mots

Mes matières	**School subjects**
l'allemand (m)	German
l'anglais (m)	English
la biologie	biology
la chimie	chemistry
le dessin	art
l'éducation physique/ l'EPS/le sport	PE/games
l'espagnol (m)	Spanish
le français	French
la géographie	geography
l'histoire (f)	history
l'informatique	IT
une langue	language
les maths	maths
la musique	music
la physique	physics
les sciences (fpl)	science
la technologie	technology

En classe	**In class**
Je ne comprends pas	I don't understand
J'ai oublié …	I have forgotten …
Je ne sais pas	I don't know
C'est correct?	Is that right?
Tu peux me prêter …?	Can you lend me …?
Comment dit-on … en français?	How do you say … in French?
Je n'ai pas de …	I haven't got …
Je peux avoir …?	Can I have …?
Que veut dire … en anglais?	What does … mean in English?
répétez s'il vous plaît	repeat that, please
un bic	biro
un cahier	exercise book
un crayon	pencil
une gomme	rubber
un livre	book
une règle	ruler
un stylo	pen
les devoirs	homework

L'heure	**Time**
à huit heures	at 8 o'clock
huit heures et demie	half past eight
huit heures moins le quart	quarter to eight
huit heures et quart	quarter past eight
huit heures cinq	five past eight
huit heures moins cinq	five to eight
midi/minuit	midday/midnight

Les opinions	**Opinions**
adorer	to love
aimer	to like
détester	to hate
C'est …	It's …
difficile	hard
ennuyeux	boring
extra	great
facile	easy
intéressant	interesting
utile	useful
faible/fort en …	weak/good at …
parce que	because
ma matière préférée	my favourite subject

La journée scolaire	**The school day**
apprendre	to learn
durer	to last
il y a	there is/are
une minute	minute
Combien de temps …?	How long …?
d'abord	first
après	then
ensuite	after that
les grandes vacances	summer holidays
commencer	to start

le cours	lesson	obligatoire	compulsory
finir/terminer	to end	les piercings (*mpl*)	body piercing
la pause de midi	lunch break	il faut …	one/you must …
la récréation	break	on a le droit de …	you are allowed to …
scolaire	school (adjective)	il est interdit de …	it is forbidden to …
l'emploi du temps	timetable		
la rentrée scolaire	start of the school year	**Le règlement**	*Rules*
un trimestre	school term	le graffiti	graffiti
		protéger	to protect
au le collège	*In school*	une règle	rule
la bibliothèque	library	une retenue	detention
la cantine	canteen	la sécurité	safety
le club	club	le vandalisme	vandalism
la cour	playground	la violence	violence
le collège /CES	secondary school		
un demi-pensionnaire	day pupil	**Projets d'avenir**	*Future plans*
un échange	exchange	un apprenti	apprentice
l'élève	pupil	faire un apprentissage	to do an apprenticeship
le laboratoire	laboratory		
le lycée	secondary school/ grammar school	le bac/baccalauréat	A-Level equivalent
		je vais…	I am going to…
le lycée technique	vocational college	continuer	to continue
mixte	mixed	essayer de	to try to
le professeur	teacher	espérer	to hope
la salle de classe	classroom	être	to be
		étudier	to study
L'uniforme scolaire	*School uniform*	réussir	to succeed
les baskets (*m*)	trainers	la formation professionnelle	vocational training
les bijoux (*m*)	jewellery		
chic	trendy	une note	grade
bête	silly	passer un examen	to take an exam
les cheveux bizarres	weird hairstyles	quitter	to leave
démodé	old-fashioned	les résultats	results
encourager	to encourage	si	if
la discipline	discipline	l'université/la faculté	university
le maquillage	make-up		
coûter cher	to cost a lot		
porter	to wear		
à la mode	fashionable		

Chez moi

1a Faites correspondre l'image et le titre.
Match the picture with the right label.

a C'est le bébé   b C'est la mère
c C'est le frère   d C'est le père
e C'est la sœur   f C'est le chien
g C'est le chat

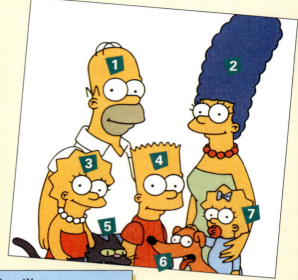

Le détective

Articles	Masc.	Fem.	Plural
my	mon	ma	mes
your(tu)	ton	ta	tes
his/her	son	sa	ses

Pour en savoir plus ➡ page 176, pt 6.7

ma famille
mon père
mon grand-père
ma mère
ma grand-mère
mon frère
ma sœur

Tu as des frères et des sœurs?
Tu as un animal?
J'ai …
Je n'ai pas de …

1b Copiez et complétez la grille. (1–8)
Copy and complete the grid.

1c Lisez la lettre. Copiez et complétez la fiche.
Read the letter. Copy and complete the form.

Je m'appelle Adrien Beregi. Dans ma famille, il y a sept personnes. J'ai deux sœurs, qui s'appellent Juliette et Elsa. Mon frère s'appelle Manu. Mon père s'appelle Michel, et ma mère s'appelle Édith. Ma grand-mère habite chez nous aussi, et elle s'appelle Marthe. Je n'ai pas d'animal.

Nom:
Prénom:
Parents:
Grand-parent(s):
Frère(s):
Sœur(s):
Animaux:

2a Mettez les images dans le bon ordre. (1–10)
Put the pictures in the right order.

un chat
un chien
un cheval
un lapin
un oiseau
un poisson
une souris

2b Écrivez une phrase en français pour chaque image.
Write a sentence in French for each picture.

Exemple: a *J'ai un chien.*

2c Lisez les annonces. Copiez et complétez la grille en anglais. (1–6)
Read the adverts. Copy and complete the grid in English.

Le détective

Plurals
Add **-s** to most words for more than one, just like in English:
 un poisson → deux poissons
 un lapin → quatre lapins
Some words are different:
 un cheval → deux chevaux
 un oiseau → cinq oiseaux

Pour en savoir plus ➡ page 166, pt 1.2

	Pet(s)	Description
1	cat	black and white
2		

1 *Au secours!* J'ai perdu mon chat, il est noir et blanc.

2 *Perdu! Oiseau bleu et vert.*

3 Perdu. Grand chien brun, neuf ans, s'appelle Hercule.

4 J'ai perdu mon lapin. Il est gris et blanc.

5 **Perdu**. Cinq petites souris blanches.

6 **Perdu.** Oiseau jaune, s'appelle Lulu.

2d À deux. En français:
In pairs. In French:

A
- Comment t'appelles-tu?
- Il y a combien de personnes dans ta famille?
- Tu as des frères et sœurs?
- Tu as un animal?

B
- Say Rachel; Thomas; ?
- Say 2; 4; ?
- Say 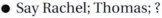; ?
- Say ; ?

3a Faites correspondre les dates.
Match up the dates.

janvier	février	mars	avril	mai
juin	juillet	août	septembre	
octobre	novembre	décembre		

le quatre mars
le dix-neuf janvier
le trente avril
le deux octobre
le premier août
le vingt-sept décembre
le vingt et un juin
le cinq mai
le trois septembre
le douze février
le treize novembre
le quinze juillet

19/4 4/6 19/1 27/12
13/11 21/6 2/10
5/7 30/4 23/1
4/3 15/11 3/9
14/2 5/5
17/8 15/7
1/8 3/11
12/2

3b Écrivez les 8 autres dates en français.
Write out the 8 remaining dates in French.

3c Notez la date de leur anniversaire. (1–8)
Write down the date of their birthdays.

3d À deux. Notez 8 dates EN SECRET. Dites les dates à votre partenaire en français. Votre partenaire note les dates. Comparez vos résultats.
In pairs. Write down 8 dates in secret. Say the dates to your partner in French. Your partner notes the dates you say. Compare your results.

Exemple:

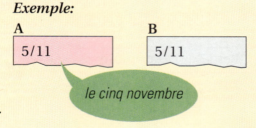

A: 5/11 — *le cinq novembre*
B: 5/11

Comment ça s'écrit?

A AH	H ASH	O OH	V VAY
B BAY	I EE	P PAY	W DOOBLEH VAY
C SAY	J ZHEE	Q COO	X EEKS
D DAY	K KAH	R ERR	Y EE GREC
E EUH	L ELL	S ESS	Z ZED
F EFF	M EMM	T TAY	
G ZHAY	N ENN	U OO	

4a Écoutez et répétez.
Listen and repeat.

 4b Notez le nom des équipes de football françaises. (1–10)
Write down the names of the French football teams.

Lyon – Rennes
PSG – Marseille
Bordeaux – Nantes
Lens – Montpellier
St Étienne – Nancy
Monaco – Le Havre
Strasbourg – Metz
Auxerre – Bastia
Sedan – Troyes

 4c À deux. À tour de rôle, épelez le nom d'une équipe française. C'est quelle équipe?
In pairs. Take turns to spell out one of the French football teams. Which team is it?

 5a Notez le nom des joueurs de foot français. (1–8)
Write down the names of the French players.

 5b À deux. Répétez cette conversation. Remplacez les mots en caractères gras.
In pairs. Repeat this conversation, replacing the words in bold.

1. Comment t'appelles-tu?
2. Je m'appelle **Laura SMITH**.
3. Comment ça s'écrit?
4. L... A... U... R... A... S... M... I... T... H.
5. Où habites-tu?
6. J'habite **IPSWICH**.
7. Comment ça s'écrit?
8. I... P... S... W... I... C... H.

vingt-trois 23

1 *Je vous présente ma famille*

Talking about your family
Talking about what people look like

Salut!

Je m'appelle Vincent Goubin, et j'ai 14 ans. Je suis assez grand pour mon âge - je mesure 1m67! J'ai les yeux bleus et les cheveux bruns, et je suis très mince. Voici ma mère. Elle s'appelle Sylvie. Elle est assez petite mais mince comme moi. Elle a 39 ans. Elle a les cheveux blonds et courts et les yeux bleus. Elle porte des lunettes. Mes parents sont divorcés depuis 5 ans, et mon père habite en Belgique. Voici mon beau-père, Christian. Il est assez petit (il mesure 1m55) et un peu gros (il pèse 87 kilos!). Il a les cheveux courts et bouclés, et les yeux verts. Il a une barbe. Ma demi-sœur s'appelle Magali, et elle a 20 ans. Elle est grande et mince. Elle a les cheveux longs et noirs et les yeux verts, comme son père. Elle est l'aînée. Pierre est né au mois de janvier. C'est le cadet de la famille. On a choisi ce prénom parce que c'est aussi le prénom de mon grand-père. Il est super-mignon … mais parfois il hurle!

1a Copiez et complétez.

1. Vincent a … ans.
2. Il a les yeux … et les cheveux …
3. Sa mère s'appelle …
4. Elle a les cheveux … et …
5. Le père de Vincent habite en …
6. Christian est le … de Vincent.
7. Christian est … et …
8. La demi-sœur de Vincent s'appelle …
9. Elle ressemble à …
10. Le bébé s'appelle … , comme le … de Vincent.

Je m'appelle … Il/elle s'appelle …		et	j'ai … ans il/elle a … ans			
J'ai Tu as Il/elle a	les cheveux	courts longs	et	blancs gris bruns noirs blonds roux	et	les yeux
						bleus verts marron
						une barbe
Je porte Tu portes Il/elle porte	des lunettes					
Je suis Tu es Il/elle est	petit(e) grand(e) mince gros(se)					

 1b Copiez et complétez la grille en français. (1–4)

Prénom	Qui?	Âge	Anniversaire	Cheveux	Yeux	Taille	Autres détails
1							

 1c À deux. Choisissez une personne dans la classe. Décrivez la personne à votre partenaire. C'est qui?

Le détective

Irregular verbs
The verbs **avoir** *(to have)* and **être** *(to be)* are the two most useful irregular verbs.
They do not follow a pattern (like -**er** verbs do), but are unique. Learn them by heart.

avoir = **to have**		être = **to be**	
j'ai	nous avons	je suis	nous sommes
tu as	vous avez	tu es	vous êtes
il/elle/on a	ils/elles ont	il/elle/on est	ils/elles sont

Pour en savoir plus ➡ page 179

 2a C'est quel membre de la famille? Choisissez la bonne réponse.

1 C'est la sœur de votre mère. — votre oncle/tante/nièce
2 C'est la fille de votre papa et de votre maman. — votre sœur/frère/cousin
3 C'est le fils de votre belle-mère. — votre demi-sœur/demi-frère/beau-père
4 C'est le mari de votre tante. — votre oncle/neveu/demi-frère
5 C'est le fils de votre oncle. — votre cousin/cousine/papa
6 C'est la femme de votre grand-père. — votre tante/mère/grand-mère

 2b À deux. En français:

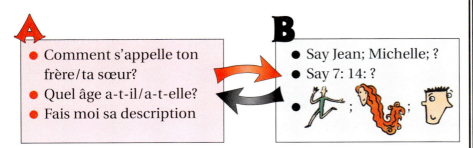

A
- Comment s'appelle ton frère/ta sœur?
- Quel âge a-t-il/a-t-elle?
- Fais moi sa description

B
- Say Jean; Michelle; ?
- Say 7: 14: ?

Whenever you are describing somebody, think:
facts then **physical**:
hair and **eyes**
height and **size**
Exemple:
facts: mon grand-père s'appelle … . Il a … ans et il habite à …
physical: il a les cheveux gris et courts et les yeux bleus. Il porte des lunettes, et il est petit et gros.

 2c Choisissez deux membres de votre famille. Pour chaque personne, écrivez une description en français.

vingt-cinq 25

2 Comment êtes-vous?

Describing personality

1a Nicolas décrit la personnalité des membres de sa famille. Notez les adjectifs en français. (1–5)

aimable, bête, casse-pieds, calme, drôle, équilibré, gentil, idiot, impatient, poli, plein de vie, sympathique, timide, intelligent, travailleur, cool, sage, méchant, paresseux, sévère, bavard, amusant

Le détective

Adjective agreement
You need to add endings onto adjectives in French, depending on the gender of who or what you are describing:
  mon père est amusant
  ma mère est amusant**e**
  mes frères sont amusant**s**
  mes sœurs sont amusant**es**

Common irregular adjectives are:
  -eux → -euse

Exemple: il est paress**eux**/elle est paress**euse**

  -eur → -euse

Exemple: il est travaill**eur**/elle est travaill**euse**

  -il → -ille

Exemple : il est gent**il**/elle est gent**ille**

Adjectives already ending in **-e** in the masculine form don't add another **-e** in the feminine form.

Pour en savoir plus ➡ page 174, pt 6.1

1b Faites deux listes: adjectifs positifs/ adjectifs négatifs. Catégorisez les adjectifs.

2a Écrivez des phrases correctes.

Exemple: 1 Elle est amusante.

1 👤 + amusant
2 👥 + timide
3 👥 + bavard
4 👥 + poli
5 👥 + gentil
6 👥 + sévère
7 👤 + cool
8 👤 + travailleur

Make your comments more interesting by using:
un peu *(a little bit)*
assez *(quite)*
très *(very)*
vraiment/ extrêmement *(really)*

2b En groupe.
Monsieur Manet est … ?

Exemple:
● Monsieur Manet est bête.
● *Monsieur Manet est bête et travailleur.*

Continuez.

2c Complétez ces phrases. Utilisez des adjectifs.

1 Je suis …
2 Mon meilleur(e) ami(e) est …
3 Mon petit ami/ma petite amie idéal(e) est …
4 Mon professeur préféré est …
5 Mon professeur de français est …

3a Ces phrases sont fausses. Changez les mots soulignés pour corriger les phrases.

1 Élise s'entend bien avec son <u>frère</u>.
2 Son père a un bon sens <u>artistique</u>.
3 C'est la <u>tante</u> d'Élise qui est casse-pieds.
4 Élise ne peut pas sortir pendant <u>le week-end</u>.
5 La mère d'Élise <u>adore</u> son petit ami.
6 Élise est trop <u>âgée</u> pour l'amour.
7 Elle voudrait habiter chez son <u>cousin</u>.

Chère Monique

Je t'écris parce que j'ai un problème avec ma famille. En général, je m'entends bien avec mon père, qui a le sens de l'humour. C'est ma mère qui m'énerve. Elle me critique tout le temps, elle refuse de me donner la permission de sortir avec mes copains pendant la semaine, et elle n'aime pas mon petit ami. Pour moi, c'est l'amour, mais elle dit que je suis trop jeune pour ça.

J'ai 15 ans et j'en ai marre de ces disputes. Je voudrais quitter la maison et aller habiter chez mon petit copain. Qu'est-ce que tu en penses?

Élise

je m'entends bien avec	I get on well with
l'amour	love
j'en ai marre de	I'm fed up with

3b Choisissez 3 phrases pour répondre à la lettre d'Élise. Commencez par:

Chère Élise, …

- Tu dois parler avec ta mère.
- Prépare un sac et vas chez ton petit copain immédiatement.
- Reste à la maison avec tes parents.
- Dis à ta mère que tu fais tes devoirs, puis sors avec tes amis en secret.
- Tu es trop jeune pour avoir des rapports avec un garçon.
- Invite ton petit ami à la maison, et tu peux le présenter à ta mère.
- Demande à ta mère de te traiter comme une adolescente et pas comme un enfant.

| des rapports | a relationship |
| traiter | to treat |

3c Décidez si la personne est heureuse ☺ ou malheureuse ☹, et pourquoi. (1–5)

3d Écrivez la lettre de Mark en français. Adaptez la lettre d'Élise.

Work out which bits of the sentence you can leave the same, and exactly which bits you need to change.

Dear Arthur,

I'm writing to you because I've got a problem with my brother. In general, I get on well with my sister, who has a sense of humour. It's my brother who gets on my nerves. He criticises me all the time, he refuses to allow me to do my homework, and he doesn't like my friends. For me, school is important, but he says he's too cool for that. I'm 14, and I'm fed up with these arguments. I want to leave home and go to live with my grandparents. What do you think?

Mark

3 Aider à la maison

Talking about helping at home

EST-CE QUE TU AIDES À LA MAISON?

Un sondage récent révèle que les jeunes français aident à la maison assez regulièrement.

Nous avons posé des questions à un groupe de 200 jeunes, filles et garçons, et voici les résultats.

Êtes-vous comme eux? Qu'est-ce que vous faites pour aider à la maison? Écrivez-nous pour nous dire!

	tous les jours	souvent	parfois	jamais
faire le lit	66%	22%	4%	8%
passer l'aspirateur	0%	5%	23%	72%
mettre/débarrasser la table	11%	43%	19%	27%
faire les courses	0%	14%	10%	76%
faire la cuisine	10%	23%	26%	41%
faire le ménage	0%	7%	17%	76%
faire la vaisselle	30%	26%	38%	6%
sortir la poubelle	0%	8%	12%	80%
ranger la chambre	12%	12%	50%	26%
faire du jardinage	0%	9%	30%	59%
laver la voiture	0%	43%	26%	31%

1a Complétez les phrases selon les résultats.

a ▬ % font la cuisine tous les jours.
b ▬ % passent souvent l'aspirateur.
c ▬ % font parfois la vaisselle.
d ▬ % ne font jamais de jardinage.
e ▬ % ne font jamais le ménage.
f ▬ % sortent la poubelle tous les jours.
g ▬ % font parfois les courses.
h ▬ % rangent souvent leur chambre.

Le détective

faire = *to do or to make*
je fais   nous faisons
tu fais   vous faites
il/elle/on fait   ils/elles font

Pour en savoir plus ➡ page 179

1b Lisez le sondage et trouvez le bon résumé.

a La tâche ménagère la plus populaire est faire la vaisselle. Tous les jours, il y en a qui font leur lit ou mettent ou débarrassent la table. Les tâches les moins populaires, ce sont sortir la poubelle, mettre ou débarrasser la table, faire du jardinage, et faire le ménage.

b La tâche ménagère la plus populaire est faire son lit. Tous les jours, il y en a qui rangent leur chambre ou sortent la poubelle. Les tâches les moins populaires, ce sont passer l'aspirateur, faire du jardinage, faire les courses et faire le ménage.

c La tâche ménagère la plus populaire est faire son lit. Tous les jours, il y en a qui rangent leur chambre ou font la vaisselle. Les tâches les moins populaires, ce sont sortir la poubelle, faire le ménage, et passer l'aspirateur.

la tâche ménagère la plus populaire	the most popular job
il y en a qui	there are some people who
les tâches les moins populaires	the least popular jobs

2a Écoutez le reportage sur une jeune fille au pair. Choisissez les bonnes images pour compléter ces phrases.

1 Julie s'occupe d'un ...
2 Le lundi, elle ...
3 Le mardi, elle ...
4 Le jeudi, elle ...
5 Tous les jours, Julie ...
6 Le week-end, elle ...
7 Julie trouve son travail très ...

2b Répondez aux questions en francais.

1 Est-ce que tu fais la cuisine?
   Exemple: Oui, je fais la cuisine tous les jours. / Non, je ne fais pas la cuisine.
2 Est-ce que tu fais la vaisselle?
3 Est-ce que tu fais les courses?
4 Est-ce que tu fais ton lit?
5 Est-ce que tu fais le ménage?
6 Est-ce que tu travailles dans le jardin?
7 Est-ce que tu laves la voiture?
8 Est-ce que tu sors la poubelle?

Le détective

Negatives

ne ... pas *means* **not**. *It forms a sandwich round the verb.*

Exemple: Tu fais le ménage?
Non, je **ne** fais **pas** le ménage.

   ne ... jamais = *never*
   ne ... rien = *nothing*

They work in the same way as ne ... pas

Exemple: Tu fais la cuisine?
Non, je **ne** fais **jamais** la cuisine.
Tu aides à la maison? Non, je **ne** fais **rien**.

Pour en savoir plus ➡ page 173, pt 5.1

2c Faites un sondage dans votre classe sur le travail à la maison.

Remember to change your verbs: you can't just use them as they are in the magazine survey, because they come after je/il/elle ...

Exemple:
Mon père/ma mère	fai**t** les courses/lav**e** la voiture/ sor**t** la poubelle.
Je	fai**s** les courses/lav**e** la voiture/ sor**s** la poubelle.
Mes parents	f**ont** les courses/lav**ent** la voiture/ sor**tent** la poubelle.

2d Écrivez une lettre au magazine pour expliquer qui aide à la maison chez vous. Commencez comme ceci:

Je vous écris pour expliquer qui aide à la maison chez moi. Mon père ...

vingt-neuf

1 You are phoning your French penfriend to talk about your new boyfriend or girlfriend.

A
- Donne-moi les détails!
- Ah, et ses yeux sont de quelle couleur?
- Et ses cheveux?
- Ah, super! Quel âge a-t-il/a-t-elle?
- Chouette!

B
- Give your boy/girlfriend's name
- Say what colour his/her eyes are
- Say what colour his/her hair is
- Say how old he/she is

2 You are talking with your French penfriend about helping at home.

A
- Ouf, je suis fatigué(e) ce soir
- Oui, je lave la voiture quelquefois. Et toi?
- C'est bien. Tu fais autre chose?
- Bravo! Tu aimes faire la cuisine?
- Moi, oui

B
- Ask your penfriend if he/she helps at home
- Say that you do one of these jobs: washing up; laying the table; working in the garden
- Say you make your bed every day
- !

When you see **!**, it means that you must make up an answer to the question.

3 Bring in a photo of someone you look up to and talk about them for 1 minute. Make a cue card to help you remember what to say.

Facts
  Il/elle s'appelle …
  Il/elle a … ans
  Il/elle est … (métier)
  Il/elle habite …
  Il/elle est marié(e)/célibataire/divorcé(e)/séparé(e)
  Il/elle a … sœur/frères
Physical description
  Il/elle a les cheveux, et les yeux …
Personality
  Il/elle est un peu/très/extrêmement …
Likes and dislikes
  Il/elle aime … Il/elle n'aime pas …
Why you admire him/her
  Je l'admire parce que …

Your examiner may ask …

Fais-moi la description de ton frère/ta sœur/ton meilleur ami(e), etc.

Décris-moi la personnalité de ta mère/ton père/ton ami(e), etc.

Et toi? Comment es-tu?

Tu aimes aider à la maison? Pourquoi (pas)?

Qui fait le ménage chez toi?

Est-ce que tu vas aider à la maison ce week-end?

métier   job

1 You are looking for a penfriend. Copy the form out carefully, then fill in your own information. Write full sentences about your personality, family, school likes and dislikes, and your ideal penfriend.

```
Nom: ................................................    Famille: ................................................
Prénom(s): ......................................    ................................................
Adresse: ..........................................    Animaux: ...............................................
................................................    Préférences au collège: ...............
Nationalité: ...................................    ................................................
Âge: ..................................................    Description de ton/ta
Anniversaire: .................................    correspondant(e) idéal(e): .........
Cheveux: ..........................................    ................................................
Yeux: .................................................    ................................................
Taille: ..............................................    ................................................
Personnalité: .................................    ................................................
................................................
```

2 Write a description of a friend in 70–100 words.

Introduction
Give some facts about your friend, e.g. name, age, birthday, where he/she lives, family details, pets, etc.

Paragraph 1
Describe your friend's hair, eyes, height and size. Remember to make your adjectives agree when describing a girl, or for plurals.

Paragraph 2
Describe your friend's personality and say why you get on well with him/her.

Paragraph 3
Describe an outing you went on together, and what it was like. You should use the perfect tense.

Conclusion
Say what your friend's plans for the future are. You should use aller + the infinitive.

	Masc. noun	Fem. noun	Plural noun
his/ her	son	sa	ses

| avec lui | with him |
| avec elle | with her |

je suis allé(e)	I went
j'ai visité	I visited
c'était …	it was …

| il va voyager | he is going to travel |
| ell va quitter le collège | she is going to leave school |

trente et un 31

Mots

Les membres de la famille	**Family members**
un beau-frère/-père	brother/father/-in-law
un bébé	baby
une belle-sœur/-mère	sister/mother/-in-law
un cousin/une cousine	cousin
un demi-frère	half-brother
une demi-sœur	half-sister
un enfant	child
une femme	wife
une fille	daughter
un fils	son
un frère	brother
une grand-mère	grandmother
un grand-père	grandfather
maman	mum
un mari	husband
une mère	mother
un oncle	uncle
les parents (*mpl*)	parents
un père	father
une sœur	sister
une tante	aunt
unique	only

Les animaux	**Pets**
un chat	cat
un cheval	horse
un chien	dog
un lapin	rabbit
un oiseau	bird
un poisson	fish
une souris	mouse

Les anniversaires	**Birthdays**
un an/mois	year/month
la date	date
janvier	January
février	February
mars	March
avril	April
mai	May
juin	June
juillet	July
août	August
septembre	September
octobre	October
novembre	November
décembre	December

Les couleurs	**Colours**
blanc(he)	white
bleu(e)	blue
brun(e)	brown
gris(e)	grey
jaune	yellow
marron	brown
noir(e)	black
rouge	red
vert(e)	green

La personnalité	**Personality**
aimable	friendly
amusant(e)	funny
bavard(e)	chatty
calme	quiet
casse-pieds	annoying
content(e)/triste	happy/sad
cool	cool
drôle	funny
équilibré(e)	balanced
gentil(le)	kind
heureux(euse)	happy
idiot(e)	daft
intelligent(e)/bête	intelligent/stupid
malheureux(euse)	unhappy
méchant(e)	naughty
paresseux(euse)	lazy

patient(e)/impatient(e)	patient/impatient	**Aider à la maison**	*Helping at home*
plein(e) de vie	lively	débarrasser la table	to clear the table
poli(e)/impoli(e)	polite/rude	faire les courses	to do the shopping
sage	sensible	faire la cuisine	to do the cooking
sévère	stern	faire le lit	to make the bed
sympa(thique)	nice	faire le ménage	to do the housework
timide	shy	faire la vaisselle	to do the washing-up
travailleur(euse)	hard-working	faire du jardinage	to do the gardening
		laver	to wash
Les faits	*Facts*	mettre la table	to lay the table
né(e) le …	born on …	passer l'aspirateur	to vacuum
l'âge	age	ranger	to tidy
âgé(e) de … ans	… years old	sortir la poubelle	to take out the bin
aîné(e)	older		
avoir … ans	to be … years old	**Quand?**	*When?*
cadet(te)	younger	parfois	occasionally
jeune	young	souvent	often
s'appeler	to be called	tous les jours	every day
le nom	name		
le prénom	first name	**Les rapports**	*Relationships*
		adolescent(e)	teenager
La description physique	*Physical description*	un(e) ami(e)	friend
		l'amour	love
une barbe	beard	un copain/une copine	friend
blond(e)	blond	critiquer	to criticise
les cheveux (*mpl*)	hair	une dispute	argument
la couleur	colour	s'entendre avec	to get on with
court(e)	short	un(e) petit(e) ami(e)	boyfriend/girlfriend
grand(e)	tall	le sens de l'humour	sense of humour
gros(se)/mince	fat/slim	j'en ai marre de …	I'm fed up with …
long(ue)	long		
les lunettes (*fpl*)	glasses		
petit(e)	small		
roux(rousse)	red (hair)		
les yeux (*mpl*)	eyes		
mesurer … mètres	to be … metres tall		
peser … kilos	to weigh … kilos		
ressembler à	to look like		

Temps libre

 1a Faites correspondre l'activité et l'image.
Match the activity with the right picture.

Exemple: Je vais au cinéma =

Quels sont tes passe-temps?
Je vais au cinéma
Je lis
Je nage
Je joue avec l'ordinateur
Je vais à la pêche
J'écoute de la musique
Je regarde la télé
Je fais du sport
Je fais du vélo

 1b Notez la bonne lettre pour chaque activité. (1–8)
Write down the right letter for each activity.

Tu fais du sport?				
Je joue	au basket		Je fais	du cyclisme
	au foot			du ski
	au hockey			de la gymnastique
	au rugby			de la natation
	au tennis			de la voile
	au volley			de l'équitation

34 trente-quatre

1c À deux. Écrivez lundi–vendredi en français. EN SECRET notez une activité par jour.
In pairs, write down the days of the week (lundi–vendredi) in French. In secret, write down one activity per day.

> lundi – je vais à la pêche.

> When you are asking the question, all you do is change **Je** to **Tu** and lift the pitch of your voice at the end of the sentence. Remember to use the correct verb ending with **Tu**.
> **Exemple:** Je vais à la pêche *becomes* Tu vas à la pêche?

Trouvez les 5 activités de votre partenaire.
Ask questions to find your partner's 5 activities.

Exemple: ● Lundi, tu regardes la télé?
● Non.

 2 Remplissez les blancs. Les blancs indiquent le nombre de lettres dans chaque mot.
Fill in the blanks. The number of letters in the missing words is shown.

Normalement, le week-end je ▨▨▨▨▨▨▨ la télé et j'▨▨▨▨▨▨▨ de la musique. Le samedi matin, je fais ▨▨ sport. Je ▨▨▨▨ au basket et je joue ▨▨ foot. Quelquefois je fais du ▨▨▨▨ avec mes copains ou je ▨▨▨▨ au volley. Le dimanche, je fais de la ▨▨▨▨▨▨▨ à la piscine, et je ▨▨▨ des magazines. Souvent je ▨▨▨▨ au cinéma ou je joue avec l'▨▨▨▨▨▨▨▨.

Déjà vu

3a Copiez et complétez la grille pour chaque personne. (1–6)
Copy and complete the grid for each person.

Exemple:

	club?	quand?
1	volley	mercredi soir

Tu es membre d'un club?
Je suis membre d'un club de gymnastique

| Je vais au club le | lundi
mardi
mercredi
jeudi
vendredi
samedi
dimanche | matin
après-midi
soir |

3b Dites ce que vous faites en français.
Say what you do in French.

> Je suis membre d'un club de foot. Je vais au club le lundi soir.

Exemple: 1

36 trente-six

4a Copiez les phrases. Indiquez si vous êtes d'accord ✔ ou pas d'accord ✘.
Copy the sentences. Show if you agree ✔ or disagree ✘.

1 Le français c'est chouette.
2 La natation c'est super.
3 L'anglais c'est barbant.
4 La géographie est pénible.
5 Le dessin c'est affreux.
6 Mon prof de français est génial.
7 La musique pop c'est pas mal.
8 Le sport c'est amusant.
9 Le collège c'est passionnant.

Qu'est-ce que tu penses de … ?	
C'est	amusant
	barbant
	pénible
	super
	pas mal
	passionnant
	affreux
	génial
	chouette

4b Notez l'activité en français, et l'opinion: ☺, 😐 ou ☹. (1–8)
Write down the activity in French, and the opinion.

	activité	opinion
1		

4c À deux. En français.
In pairs. In French.

- Ask your partner if they do a sport
- Say no you don't go horse-riding, it's awful. Ask your partner if they are a member of a club
- Say you watch TV and listen to music

- Say you play basketball once a week, it's great. Ask your partner if they go horseriding
- Say you go to a swimming club on Sunday morning. Ask your partner what their hobbies are

4d Copiez et complétez.
Copy and complete.

Le week-end, je ▭.
   (fill in the activities you do).
Comme sports, j'aime ▭ mais je n'aime pas ▭.
   (write in the sports with le *or* la *in front).*
Je joue ▭ et je fais ▭.
   (write in the sports you do, and when you do them).
Je suis membre d'un club de ▭. Je vais au club le ▭.
   (write in clubs you go to and when).

trente-sept 37

1 Qu'est-ce qu'on va faire aujourd'hui?

Understanding information about leisure activities

PISCINE MUNICIPALE

Ouvert tous les jours (sauf le mardi) de 7h30 à 21h.

Prix d'entrée adultes 1,90€ enfants (moins de 12 ans) 1,30€.

CENTRE SPORTIF

6 courts de tennis (dont 2 à l'intérieur), terrain de jeux illuminé, 2 courts de squash, gymnase, piste de ski artificielle, cours de danse, d'aérobique et d'arts martiaux.

Ouvert du lundi au samedi de 6h30 à 22h, dimanche et jours fériés ouvert de 8h30 à 19h. Prix selon l'activité.

CINÉMA LE VOX

séances à 13h, 15h30, 18h et 20h30. Prix d'entrée adulte 6,40€, enfant 1,90€, réductions le lundi après-midi.

FESTIVAL DE LA BANDE DESSINÉE

À partir du 2 juillet, grand festival de la bande dessinée, Hôtel de Ville. Heures d'ouverture: 9h à 19h, fermé le dimanche. Gratuit. Animations aussi le soir, place du marché. Jusqu'au 20 juillet.

1a C'est où? Notez P (piscine), CS (centre sportif), C (cinéma) ou F (festival).

1. On peut y faire du ski.
2. Il y a des réductions le lundi.
3. Ça commence le 2 juillet.
4. Il y a 4 séances par jour.
5. Un enfant de 10 ans paie 1,30€.
6. C'est fermé le dimanche.
7. Un adulte paie 6,40€.
8. Ça ferme à 21h.
9. Ça ne coûte rien.
10. On peut y apprendre à danser.
11. Ça a lieu à l'hôtel de ville.
12. Ça ouvre à 8h30 le 14 juillet.

1b Trouvez le français dans les textes ci-dessus.

open   closed   everyday
entrance price   adults   children
from … to …
bank holidays   cinema showings
reductions
free   until …
except for …

MODULE 3

1c Pour chaque conversation, notez les détails qui manquent. (1–4)

« Allô, ici **a**.
Bonjour, madame/monsieur. Vous ouvrez à quelle heure, aujourd'hui?
À **b**.
Et vous fermez à quelle heure?
À **c**.
Merci. C'est combien par personne?

C'est **d** pour les adultes, et **e** pour les enfants.
Est-ce qu'il y a une réduction pour les étudiants?
f.
Merci beaucoup. Au revoir, madame/monsieur. »

1d À deux. Répétez la conversation pour ces distractions en Angleterre.

Swimming pool
Opening hours 7.30am to 9pm.
Price £2.50 for adults,
£1.50 for children,
students £2.20.

Sports Centre
Opening hours 8.30am to 10pm.
Price £3 adults,
£2.20 children and students.

Museum
Open 9am–5pm.
Free entry.

| une livre | £1 |

2 Répondez aux questions en français.

1. Qu'est-ce qu'on joue au cinéma ce soir?
2. C'est quelle sorte de film?
3. Le film dure combien de temps?
4. La dernière séance commence à quelle heure?
5. Est-ce que c'est la version originale du film avec des sous-titres?
6. Quels acteurs jouent dans le film?
7. Quelle est la mission de James Bond dans le film?
8. Combien de films de James Bond est-ce qu'il y a en total?
9. Comment sont les effets spéciaux?

LE MONDE NE SUFFIT PAS (2h08)

Séances à 14h, 16h45, 19h30, 22h15
Film d'aventures avec:
Pierce Brosnan, Robert Carlyle, Sophie Marceau

Version française.
James Bond a pour mission de protéger King, un grand industriel. Mais l'homme est assassiné par une mystérieuse tueuse. Sa fille, Elektra King, rejette la faute sur James Bond et veut venger son père.
Pour ce 19ème épisode, James Bond fait le tour du monde. Il est toujours entouré des plus belles filles du globe et les effets spéciaux sont formidables.

2 Invitations

Inviting people out and understanding invitations

 1a Lisez l'article et répondez aux questions en anglais.

1. What three suggestions are given for outings if you are rather shy? (3)
2. Why are these places a good idea? (1)
3. What three places are suggested for chatting and dancing? (3)
4. Why is a day out in town or the country a good idea? (2)
5. What awaits you if you get a positive reaction? (2)
6. What should you do if you get a negative reaction? (2)
7. What excuse does the last speech bubble give? (1)
8. Which English proverb is the equivalent of 'Un(e) de perdu(e), dix de retrouvé(e)s'? (1)
9. Which four details should you make sure you sort out for your date? (4)
10. What do the last two words of the article say? (1)

ÊTES-VOUS TROP TIMIDE?

C'est le 14 juillet, et on fait la fête. Vous rencontrez le garçon/la fille de vos rêves … mais avez-vous le courage de lui demander de sortir avec vous?

1 INVITATIONS
Vous pouvez lui proposer:

- d'aller à un concert ou au théâtre, ou d'aller voir un film: idéal si vous êtes un peu timide, parce qu'on ne peut pas parler pendant le spectacle ou le film …
- d'aller à une boum, à un club de salsa ou en boîte: vous avez l'occasion de bavarder ensemble mais aussi de danser tout près l'un de l'autre …
- de sortir ensemble en ville ou faire une randonné à la campagne: il y a beaucoup à voir et à faire pendant la journée, et, si tout va bien, vous pouvez continuer la soirée ensemble …

2 RÉACTIONS
Quelle est la réaction à votre invitation?

! *Ah oui, je veux bien, on se rencontre où?* — Félicitations! Vous avez bien joué! L'amitié, ou même l'amour, vous attend peut-être …

! *Ah, quel dommage, je suis désolé mais je ne peux pas.* — Ne soyez pas trop triste. Posez la question 'Pourquoi pas?' Si l'excuse est bonne, essayez une autre date ou une autre heure.

! *Sortir avec toi? Ah non merci. Je regrette mais je dois me laver les cheveux ….* — Vous perdez votre temps … tant pis, un(e) de perdu(e), dix de retrouvé(e)s!

3 DETAILS
Si vous avez du succès, n'oubliez pas de fixer: l'heure et la date du rendez-vous; le lieu du rendez-vous; et comment vous allez rentrer chez vous après!

Bonne Chance!

> Always look at the number of marks available for each question so you know how many parts your answer should have.

 1b Pour chaque conversation notez l'invitation et si la réaction est positive (+) ou négative (−). (1–8)

Invitations		
(Est-ce que)	tu voudrais	aller en boîte?
	tu veux	jouer au foot?
	tu as envie de/d'	sortir avec moi?
Réactions		
On accepte:	d'accord, bien sûr, je veux bien, bonne idée, avec plaisir	
On s'excuse:	je suis désolé(e), je regrette, je m'excuse, c'est dommage	
On refuse:	je ne peux pas, ça ne me dit rien, je ne suis pas libre	

1c Mettez ces phrases dans le bon ordre.

1 veux aller la avec à moi tu piscine?
2 voudrais un tu voir film?
3 faire vélo du tu veux moi avec?
4 veux jouer tu au squash?
5 rester je à maison la dois.
6 ce peux sortir ne je pas soir.
7 faire je mes dois devoirs.
8 au aller je ne pas veux avec cinéma toi.

Le détective

Use of infinitives
Use the infinitive after:
　vouloir to want to
　pouvoir to be able to
　devoir to have to
Exemple:
Tu voudrais aller en boîte?
　= Would you like to go to a night club?
On ne peut pas parler pendant le film.
　= You can't talk during the film.
Je dois me laver les cheveux.
　= I have to wash my hair.

Pour en savoir plus ➡ page 168, pt 3.1

1d À deux. Imaginez que vous êtes quelqu'un de célèbre. Invitez votre partenaire à sortir.

Exemple: ● *Je suis le Prince William. Tu voudrais faire une excursion à la campagne?*
　　　　● *Ah oui, bonne idée!*

2a Copiez et complétez la grille en anglais. (1–5)

	When?	Where?
1		
2		

1 Rendez-vous demain matin chez moi.
2 On se rencontre devant le cinéma après-demain à 20h.
3 Rendez-vous chez Anne-Claire jeudi prochain à midi.
4 On se retrouve aujourd'hui dans deux heures à la piscine?
5 Rendez-vous chez toi ce soir vers 19h.

2b Qui a téléphoné? Notez le bon prénom. (1–6)

Louise 20:30 ・ Lise 16:00 ・ Laure 15:15 ・ Loïc 21:10 ・ Louis 19:30 ・ Leila 08:00

2c Écrivez ces invitations en français. Commencez comme ceci:

On se rencontre …

1 … at my house at about 03:00
2 … in front of the stadium tomorrow at 02:30
3 … next at your house.
4 …  at Benjamin's house.
5 … in one hour at the .
6 … today at about 12:00

3 Ça s'est bien passé?

Talking about the past

1a Elsa a bien lu l'article page 40 et a suivi les conseils pour passer une bonne journée ... mais est-ce que ça s'est bien passé?

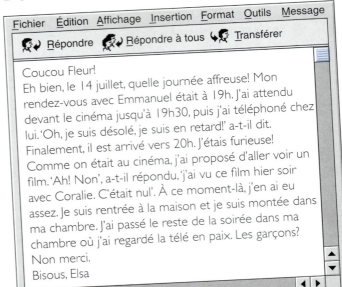

Coucou Fleur!
Eh bien, le 14 juillet, quelle journée affreuse! Mon rendez-vous avec Emmanuel était à 19h. J'ai attendu devant le cinéma jusqu'à 19h30, puis j'ai téléphoné chez lui. 'Oh, je suis désolé, je suis en retard!' a-t-il dit. Finalement, il est arrivé vers 20h. J'étais furieuse! Comme on était au cinéma, j'ai proposé d'aller voir un film. 'Ah! Non', a-t-il répondu, 'j'ai vu ce film hier soir avec Coralie. C'était nul'. À ce moment-là, j'en ai eu assez. Je suis rentrée à la maison et je suis montée dans ma chambre. J'ai passé le reste de la soirée dans ma chambre où j'ai regardé la télé en paix. Les garçons? Non merci.
Bisous, Elsa

Écoutez et lisez son e-mail.
Mettez les images dans le bon ordre.

Le détective

The perfect tense

The **perfect tense** is made up of two parts:

The first is taken from the verb **avoir** or **être**.
   J'ai vu/**J'ai** passé/**Je suis** monté(e)

The second is the past participle of the required verb.
   J'ai **vu**/J'ai **passé**/Je suis **monté(e)**

Common past participles:
- **-er** verbs: télépho~~ner~~ → téléphon**é**
- **-ir** verbs: fini~~r~~ → fini
- **-re** verbs: attend~~re~~ → attend**u**

Irregular past participles
   bu = *drank*   dû = *had to*
   eu = *had*   voulu = *wanted to*
   lu = *read*   fait = *made/did*
   vu = *saw*   pris = *took*
   pu = *could*

The majority of verbs will take **avoir** in the past tense, however a number of exceptions to this rule take **être**.
Exemple: Je **suis** allé(e) *I went*

Pour en savoir plus ➡ page 169, pt 3.3

1b Trouvez le français dans l'e-mail.

1 I went home   6 He arrived
2 I phoned   7 I spent
3 I suggested   8 I went up to
4 I watched   9 I waited
5 I saw   10 I had

2a Écoutez et mettez les symboles dans le bon ordre.

2b Mettez ces phrases dans le bon ordre, puis trouvez le symbole qui correspond à chaque phrase.

1. VTT j'ai du fait
2. joué foot j'ai au
3. lu roman un j'ai
4. écouté des j'ai CD
5. allé boum je suis une à
6. j'ai aux jeux-vidéo joué
7. la j'ai natation de fait
8. joué dans orchestre un j'ai
9. fait une j'ai promenade
10. cartes j'ai aux joué

2c Regardez l'agenda. Qu'est-ce que vous avez fait la semaine dernière? Écrivez une phrase en français pour chaque jour.

Exemple: Lundi, j'ai regardé la télé.

3a En groupe. Qu'est-ce que vous avez fait le week-end dernier?

- 🔴 Le week-end dernier, j'ai lu un livre.
- ⚫ Le week-end dernier, j'ai lu un livre et j'ai fait du vélo.

Continuez.

3b Vous avez passé le 14 juillet en France. Écrivez une liste de 10 activités que vous avez faites. Utilisez le passé composé!

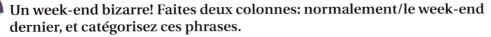
3c Un week-end bizarre! Faites deux colonnes: normalement/le week-end dernier, et catégorisez ces phrases.

Il s'est reposé dans un bateau-banane.
Il boit un coca.
Il regarde le foot au stade.
Il promène son chien à la campagne.
Il a lu l'annuaire téléphonique.
Il se repose à la maison.
Il lit des magazines d'ordinateur.
Il a fait ses devoirs de jardinage.
Il a promené son éléphant à la campagne.
Il a bu du jus de chaussettes.
Il fait ses devoirs de maths.
Il a regardé un concours de ménage.

3d Vous avez passé un week-end bizarre. Écrivez au moins 6 phrases comme ceci:

Normalement, je … mais le week-end dernier, …

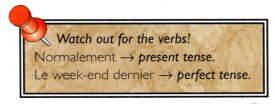

Watch out for the verbs!
Normalement → *present tense*.
Le week-end dernier → *perfect tense*.

quarante-trois **43**

1. You are arranging to meet a French boy/girl.

A
- Salut!
- Oui, bonne idée! Rendez-vous à quelle heure?
- D'accord. On se rencontre où?
- OK
- À bientôt!

B
- Ask him/her to go to one of these places with you: cinema; swimming pool; ?
- Suggest a meeting time: 16h; 18.30h; ?
- Suggest meeting at a café
- Say goodbye

2. You are at the museum in a French town with your family.

A
- Je peux vous aider?
- À 20 heures
- 2;30€
- Oui, quel âge avez-vous?
- D'accord, c'est 1;50€ pour vous

B
- Ask what time the museum closes
- Ask how much it is per person
- Ask if there is a reduction for students
- !

3. Bring photos or any equipment that you use for your favourite pastimes and talk about them for 1 minute. Make yourself a cue card.

En général, pendant mon temps libre, je …

Mon passe-temps préféré est …

J'aime … depuis …

J'aime … parce que …

Je fais cette activité … (Quand? Où? Avec qui? Dans un club?)

Récemment, …

Une autre activité que je voudrais essayer, c'est … parce que …

récemment	recently
le week-end dernier	last weekend
hier soir	last night

You must be able to show that you can talk in different tenses in the oral exam. In the conversation, watch out for key words which flag up the perfect tense.

Your examiner may ask …

Est-ce que tu fais beaucoup de sport?

Fais-moi la description de ton joueur de sport préféré. (Remember 'Facts + Physical': hair and eyes, height and size!)

Est-ce que tu es sorti(e) récemment avec tes copains? Qu'est-ce que vous avez fait?

1 Produce a diary recording what you did each day last week.

Jour	Activité	Avec qui	Opinion
lundi	Je suis allé au cinéma – j'ai vu 'Titanic'. Puis, j'ai mangé une pizza à PizzaMan.	Ma mère	C'était nul.

Continue this diary with ideas of your own. Remember to show off what you have learned in this module.

2 Write a more detailed diary in 70–100 words, recording what you did last weekend.

Presentation is important but it is the quality of your French which counts! Use pictures, photos, clipart and an effective layout, but remember to focus mainly on the written French.

Friday night
Describe a night out. Where did you go? Who with? What did you do? What was it like? Say if you like going out on a Friday night, and why.

J'aime sortir le vendredi soir parce que …

Saturday
Describe a trip you went on: what did you do? Use your imagination. Say if you would like to go there again in the future, and why.

Je vais retourner …   *I'm going to go back*

Sunday
Describe a dreary day at home: homework, TV, etc. Give your opinions about the things you did.

J'ai fait la vaisselle – c'était nul

Be careful with your verb tenses: you will need to use past, present and future! Work out which bits of each task need which tenses.

quarante-cinq

Mots

Les passe-temps	*Hobbies*
aller à la pêche	*to go fishing*
aller au cinéma	*to go to the cinema*
écouter de la musique	*to listen to music*
faire des promenades	*to go for walks*
faire du sport	*to do sport*
faire du VTT	*to do mountain biking*
faire du vélo	*to go cycling*
faire une randonnée	*to go for a ramble*
jouer aux jeux vidéos	*to play electronic games*
jouer aux cartes	*to play cards*
jouer avec l'ordinateur	*to play on the computer*
lire des romans	*to read novels*
la lecture	*reading*
nager	*to swim*
regarder la télé	*to watch TV*
se reposer	*to rest*

Les sports	*Sports*
le basket	*basketball*
le cyclisme	*cycling*
la danse	*dancing*
l'équitation (*f*)	*horse riding*
le football	*football*
la gymnastique	*gymnastics*
le hockey	*hockey*
la natation	*swimming*
le rugby	*rugby*
le ski	*skiing*
les sports d'hiver	*winter sports*
le tennis	*tennis*
la voile	*sailing*
le volley	*volley ball*

Les clubs	*Clubs*
une équipe	*team*
un orchestre	*orchestra*
être membre de …	*to be a member of …*

Les installations pour les loisirs	*Leisure facilities*
une piscine	*swimming pool*
un stade	*stadium*
un terrain	*pitch*
un théâtre	*theatre*
un restaurant	*restaurant*
un centre sportif	*sports centre*
une patinoire	*ice rink*

Les opinions	*Opinions*
affreux(affreuse)	*awful*
amusant(e)	*fun*
barbant(e)	*boring*
chouette	*great*
formidable	*fantastic*
génial(e)	*wonderful*
pas mal	*not bad*
passionnant(e)	*exciting*
pénible	*dreadful*
super	*amazing*

Sortir	*Going out*
une boîte	*night-club*
une boum	*party*
un cirque	*circus*
un concert	*concert*
un spectacle	*show*
faire une excursion	*to go for an outing*
voir un film	*to see a film*

Les invitations	*Invitations*
avec moi/toi	*with me/you*
chez moi/toi	*at my/your house*
attendre	*to wait*
si on allait …	*how about going …*
prendre rendez-vous	*to arrange to meet someone*
se rencontrer	*to meet*

On se retrouve à quelle heure?	At what time shall we meet?	**Acheter des billets**	*Buying tickets*
avoir envie de	to want to	un(e) adulte	adult
libre	free	une entrée	entrance ticket
accompagner	to accompany	un(e) étudiant(e)	student
d'accord	OK	payer	to pay
bien sûr	of course	par personne	per person
je veux bien	I would love to	le prix	price
bonne idée	good idea	une réduction	reduction
avec plaisir	with pleasure	réduit	reduced
désolé(e)	sorry	C'est combien?	How much is it?
quel dommage	what a shame	**Les heures d'ouverture**	*Opening times*
je m'excuse	I'm sorry	à partir de …	from …
j'aimerais mieux	I would prefer	ouvert	open
je regrette	I'm sorry	fermé	closed
ça ne me dit rien	That doesn't interest me	fermer	to close
		jour férié	public holiday
À quelle heure?	*At what time?*	jusqu'à	until
l'après-midi (*m*)	afternoon	minuit	midnight
après-demain	day after tomorrow	ouvrir	to open
aujourd'hui	today	sauf	except
demain	tomorrow	**Les films**	*Films*
hier	yesterday	un sous-titre	sub-title
le lendemain	the next day	en version française	French language version
le matin	morning		
prochain(e)	next	en version originale	original version
le soir	evening	une séance	showing
vers	at about	un acteur	actor
être en retard	to be late	une actrice	actress
lundi	Monday	Qu'est-ce qu'on joue au cinéma ce soir?	What's on at the cinema this evening?
mardi	Tuesday		
mercredi	Wednesday		
jeudi	Thursday		
vendredi	Friday		
samedi	Saturday		
dimanche	Sunday		

quarante-sept 47

MODULE 4

Au boulot

1a Faites correspondre les métiers et les symboles.
Match the jobs with the symbols.

agent de police	dentiste	chauffeur
coiffeur	infirmier	médecin
fermier	professeur	secrétaire
boulanger	serveur	vendeur
boucher	caissier	
sans travail		

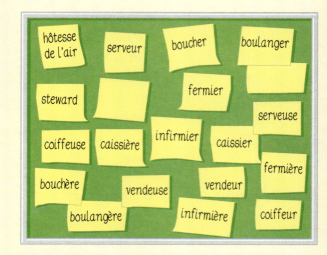

1b Copiez et complétez la grille.
Copy and complete the grid.

Masculin	Féminin	anglais
coiffeur	coiffeuse	hairdresser

1c Notez le métier en français. (1–10)
Note the job in French.

Le détective

Agreement
Mon père est serveur.
Ma mère est serveuse.
Mon frère est boulanger.
Ma sœur est boulangère.

Pour en savoir plus ➡ page 166, pt 1.1

2a Écrivez en français.
Write in French.

1 sœur

Exemple: Ma sœur est secrétaire.

2 père    3 belle-mère   4 grand-père

5 copain   6 oncle

English: My sister is **a** secretary.
French: Ma sœur est secrétaire.

7 mère   8 frère

48 quarante-huit

2b À deux. Commencez une phrase avec un membre de la famille. Puis, mimez un métier. Votre partenaire complète la phrase.
In pairs. Begin a sentence about a member of your family. Then mime a job. Your partner completes the sentence.

> Ma sœur est …

> Ma sœur est professeur.

3a Complétez les numéros.
Complete the numbers.

a 59 = c∗nq∗ant∗-n∗∗f
b 25 = vi∗g∗-c∗nq
c 60 = s∗∗xant∗
d 43 = qu∗r∗nte-t∗oi∗
e 36 = tr∗nte-s∗x
f 47 = q∗ara∗t∗-se∗t
g 21 = v∗n∗t et ∗n
h 64 = ∗o∗x∗n∗e-qu∗t∗e
i 58 = ∗inqant∗-h∗∗t
j 32 = t∗∗nt∗-d∗∗x.

| 20 = vingt |
| 30 = trente |
| 40 = quarante |
| 50 = cinquante |
| 60 = soixante |

3b Faites correspondre les numéros.
Match up the numbers.

65, 72, 86, 94, 70, 80, 82, 99, 60, 90, 75, 71

quatre-vingts
quatre-vingt-dix
quatre-vingt-quatorze
soixante-quinze
soixante
quatre-vingt-dix-neuf
soixante-cinq
soixante-douze
soixante et onze
soixante-dix
quatre-vingt-six
quatre-vingt-deux

3c C'est quel numéro? Écrivez a, b ou c.
Which number is it? Write a, b or c.

1 a 65   b 75   c 85
2 a 80   b 88   c 90
3 a 62   b 72   c 82
4 a 69   b 70   c 71
5 a 97   b 98   c 99
6 a 63   b 83   c 93
7 a 90   b 91   c 92
8 a 68   b 78   c 98

> French phone numbers are usually 10 figures.
> **Exemple:** 03-56-42-89-70
> You say 'zero, three, fifty-six, forty-two, eighty-nine, seventy'
> or 'zéro, trois, cinquante-six, quarante-deux, quatre-vingt-neuf, soixante-dix'
> You don't say 'zero, three, five, six, four, two, eight, nine, seven, zero'

3d À deux. Notez 5 numéros de téléphone EN SECRET.
In pairs. Write down 5 telephone numbers in secret.

Exemple: 01-12-34-56-78

Dites les numéros à votre partenaire en français. Votre partenaire note les numéros. Comparez vos résultats.
Say the numbers to your partner in French. Your partner writes down the numbers. Compare your results.

3e Notez les numéros de téléphone. (1–8)
Write down the telephone numbers.

1 Qu'est-ce que vous voulez faire dans la vie?

Talking about your future career

 1a Choisissez un emploi pour chaque personne ci-dessous.

Philippe, 16 ans: Je voudrais travailler dans un magasin, avec des gens, parce que j'aime le contact avec d'autres personnes.

Sophie, 15 ans: Je voudrais travailler dans un bureau, ou dans le commerce, mais surtout dans l'informatique.

Adrien, 14 ans: Moi, je veux travailler avec les animaux. Je trouve les animaux plus gentils que les gens!

Stéphanie, 15 ans: Je voudrais travailler dans une usine, ou peut-être dans une école, mais je dois absolument faire un métier scientifique, parce que j'adore les sciences.

Petites Annonces
Emplois

a serveur/serveuse
b infirmier/ière
c vendeur/euse
d technicien/ne de laboratoire
e jeune garçon/fille au pair
f jardinier/ière
g vétérinaire
h opérateur/trice d'ordinateur
i agent de police

 1b Choisissez un emploi pour chaque personne. (1–5)

Je (ne) voudrais (pas) travailler	dehors en plein air à l'intérieur		avec	les enfants les personnes âgées les gens les malades les animaux les ordinateurs
	dans	un bureau un magasin une banque une usine une école le commerce le marketing le tourisme l'informatique		
Je voudrais être	serveur/serveuse …			

 1c Écrivez vos projets d'avenir en français.

1d À deux. En français.

A
- Où voudrais-tu travailler?
- Avec qui voudrais-tu travailler?
- Qu'est-ce que tu voudrais être?

B
- Say ; ;?
- Say ; ;?
- Say ; ;?

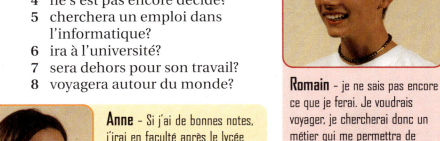

2a Lisez les projets d'avenir de ces 5 jeunes. Qui:
1 est fort en sport?
2 adore les langues?
3 travaillera dans le tourisme?
4 ne s'est pas encore décidé?
5 cherchera un emploi dans l'informatique?
6 ira à l'université?
7 sera dehors pour son travail?
8 voyagera autour du monde?

Romain – je ne sais pas encore ce que je ferai. Je voudrais voyager, je chercherai donc un métier qui me permettra de voyager dans le monde entier.

Yoann – ce qui me plaît le plus, c'est les ordinateurs. Je ferai un diplôme au lycée technique, et puis, je chercherai du travail dans un bureau, peut-être pour une grande entreprise.

Anne – Si j'ai de bonnes notes, j'irai en faculté après le lycée pour étudier l'anglais et l'espagnol, parce que j'espère devenir interprète.

Hassiba – Comme j'aime beaucoup être en plein air, je travaillerai comme gardienne dans un camping situé pas loin de chez nous.

Vincent – Moi, je serai joueur de foot professionnel, si tout va bien. Je fais déjà partie de l'équipe junior de Monaco, et je continuerai à jouer pour eux, j'espère.

Le détective

Future tense
We have seen how to talk about the future using aller + infinitive.
Another way is to use the future tense.
Exemple: Je travaillerai chaque jour
= I will work every day.
Je voyagerai dans le monde
= I will travel the world.

You need to be able to recognise and understand the future tense.

je voyager**ai**	nous voyager**ons**
tu voyager**as**	vous voyager**ez**
il/elle/on voyager**a**	ils/elles voyager**ont**

J'irai …   I will go … .
Je ferai … I will do …
Je serai … I will be …

Pour en savoir plus ➔ page 171, pt 3.6

2b Qui parle? Anne, Vincent, Yoann, Hassiba, ou Romain? (1–5)

2 Avez-vous un job?

Talking about part-time jobs and work experience

Avez-vous un job?
Les petits jobs d'été

Est-ce que c'est une bonne idée de faire un petit job le soir, le week-end ou pendant les vacances?
Valérie, 15 ans, et Fanch, 16 ans, répondent à nos questions:

Bonjour, Valérie. Tu travailles où?
Je travaille dans un grand hypermarché.
Tu commences à quelle heure?
Je commence à 8h30 ou à 11h.
Tu finis à quelle heure?
Si je commence à 8h30, je finis à 17h00, mais si je commence à 11h, je termine plus tard, à 20h.
Comment vas-tu au travail?
Je vais au supermarché en bus.
Et le trajet dure combien de temps?
Le trajet dure 20 minutes.
Combien est-ce que tu gagnes?
Je gagne 5,90€ par heure.
Tu aimes ton job? Et pourquoi?
Oui, j'aime mon job parce que c'est bien payé et assez varié.

Et toi, Fanch?
Moi, je distribue des journaux tous les matins.
Tu commences à quelle heure?
Je commence vers 5h30 … oui! C'est fatigant!
Tu finis à quelle heure?
Pour distribuer les journaux, il me faut environ une heure.
Comment vas-tu au travail?
J'y vais à pied ou parfois à vélo.
Et le trajet dure combien de temps?
Oh, cinq minutes maximum: c'est tout près de chez moi.
Combien est-ce que tu gagnes?
Je gagne 12,20€ par semaine pour les journaux.
Tu aimes ton job? Et pourquoi?
C'est ennuyeux de livrer des journaux, et c'est assez mal payé.

1a Copiez et complétez la grille en français.

	Valérie	Fanch
Job		
Heures		
Moyen de transport		
Salaire		
Opinion(s)		

Le détective

Asking questions
The easiest way to ask questions in French is to put the question word at the end, and raise the pitch of your voice.
Exemple: Tu travailles où?
Tu commences à quelle heure?

Pour en savoir plus ➡ page 173 pt 4.2

1b Regardez les questions dans l'interview. Trouvez le français pour:

1 where?
2 at what time?
3 how?
4 how much time/how long?
5 how much?
6 why?

1c Écoutez une autre interview. Coralie répond aux mêmes questions. Notez ses réponses. (1–7)

 1d À deux. Parlez de votre travail en utilisant les détails ci-dessous.

 2a Les phrases d'Alex et d'Elsa sont mélangées. Alex va faire son stage en entreprise l'année prochaine. Elsa a fait son stage en entreprise au mois de septembre. Séparez les phrases pour faire un paragraphe sur Elsa, et un paragraphe sur Alex.

```
j'ai travaillé dans un bureau chez France-
Télécom je vais travailler dans un hôtel c'était
vraiment chouette je vais aider à la réception
je vais servir dans le restaurant j'ai tapé des
lettres sur ordinateur j'ai distribué le
courrier j'espère que ça sera super j'ai répondu
au téléphone je vais nettoyer les chambres j'y
ai passé deux semaines mon stage va durer une
semaine mon patron était très sympa j'ai gagné
40€ par semaine je vais gagner 45€ par semaine.
```

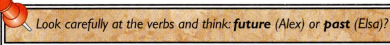
*Look carefully at the verbs and think: **future** (Alex) or **past** (Elsa)?*

 2b Marc a fait son stage en entreprise aussi. Complétez les phrases.

1 Marc a travaillé ▰▰▰ pendant ▰▰▰.
2 Il a ▰▰▰, ▰▰▰ et ▰▰▰.
3 Sa patronne était ▰▰▰.
4 Il est allé au travail en ▰▰▰.
5 Ses heures de travail étaient de ▰▰▰ h à ▰▰▰ h.
6 Il a trouvé son stage ▰▰▰.

 2c Vous avez fait votre stage en entreprise chez Marks & Spencer. Regardez les images à côté et parlez de votre stage en entreprise.

Exemple: *J'ai travaillé …*

3 *Le monde du travail*

Looking for a job in France

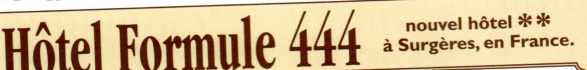

Hôtel Formule 444 — nouvel hôtel ** à Surgères, en France.

Nous recherchons le personnel suivant pour notre équipe:

- chefs de cuisine
- serveurs
- réceptionnistes
- femmes/hommes de chambre

Veuillez écrire (avec CV) à Adeline Giraud, Hôtel Formule 444, 17700 Surgères, FRANCE.

1 Copiez la lettre de demande d'emploi dans cet hôtel, et remplissez les blancs avec les mots ci-dessous.

stage • job • chère • gens • sentiments • CV • humour • parle • travaillé • sérieuse • poste • journal

Blackpool, le 3 octobre

▬ Madame,

J'ai vu votre annonce dans le ▬ aujourd'hui, et je vous écris pour vous demander un ▬ dans votre hôtel. Je voudrais un poste comme serveuse, parce que j'aime travailler avec les ▬.

J'ai ▬ dans un restaurant pendant mon ▬ en industrie, et j'ai un ▬ dans un café local pendant le week-end. Je suis travailleuse et ▬ mais j'ai aussi un bon sens de l'▬.

J'habite en Grande-Bretagne, mais je ▬ bien français.

Veuillez trouver ci-joint mon ▬.

Je vous prie d'agréer, Madame, l'expression de mes ▬ distingués.

Alice Smith

2a Lisez le CV et indiquez si les phrases sont vraies ou fausses:

CURRICULUM VITAE

- **Nom:** SMITH
- **Prénoms:** ALICE CATHERINE
- **Adresse:** 44 Woodville Road, Blackpool BL5 6NX, ANGLETERRE
- **Date de naissance:** 21 juin 1986
- **Lieu de naissance:** Blackpool
- **École(s):** Blackpool High School
- **Matières étudiées:** anglais, mathématiques, sciences, français, allemand, histoire, musique, art dramatique
- **Expérience:** stage en entreprise dans un hôtel; petit emploi dans un café
- **Loisirs:** natation, théâtre, basket, lecture

1. Alice habite en Angleterre.
2. Son anniversaire est le 21 juin.
3. Elle est née en France.
4. Elle ne va pas au collège.
5. Elle étudie huit matières.
6. Elle a déjà travaillé dans un hôtel.
7. Elle aime lire.

 2b Copiez et complétez le CV de Luc.

CURRICULUM VITAE

- **Nom:**
- **Prénoms:**
- **Adresse:**
- **Date de naissance:**
- **Lieu de naissance:**
- **École(s):**
- **Matières étudiées:**
- **Expérience:**
- **Loisirs:**

 3 À deux. Vous voulez un poste dans le nouvel hôtel. Préparez vos réponses à ces questions en français. Pratiquez la conversation avec un(e) partenaire.

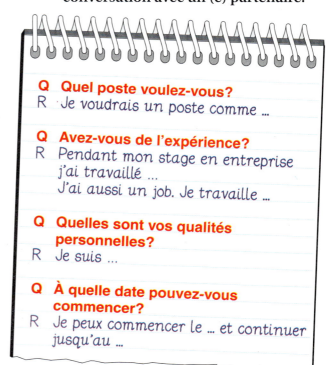

Q Quel poste voulez-vous?
R Je voudrais un poste comme …

Q Avez-vous de l'expérience?
R Pendant mon stage en entreprise j'ai travaillé …
J'ai aussi un job. Je travaille …

Q Quelles sont vos qualités personnelles?
R Je suis …

Q À quelle date pouvez-vous commencer?
R Je peux commencer le … et continuer jusqu'au …

 2c Ecrivez votre propre CV en français.

4 La communication

Using the telephone

Matthew fait son stage en entreprise chez *Eau Naturelle*, une compagnie française qui a un bureau en Angleterre. Il travaille à la réception.

1a Écoutez et pratiquez la conversation avec un partenaire.

- Good morning, Eau Naturelle, can I help you?
- Bonjour, **monsieur**, parlez-vous français?
- Ah oui, bonjour **madame**. C'est **Matthew** à l'appareil. Je peux vous aider?
- Je voudrais parler à **Monsieur Foley**, s'il vous plaît.
- C'est de la part de qui?
- Je suis **Fabienne Alalain**.
- Merci. Ne quittez pas … Ah, je regrette, mais **il** n'est pas là.
- Est-ce que je peux laisser un message?
- Bien sûr. Votre nom, comment ça s'écrit?
- Ça s'écrit A … L … A … L … A … I … N.
- Et quel est votre message?
- Dites-lui que je ne **p**eux pas venir à la **réunion demain**.
- Merci beaucoup, c'est noté. Quel est votre numéro de téléphone, s'il vous plaît?
- C'est le **02-45-75-89-10**.
- Et **Monsieur Foley** peut vous rappeler à quelle heure?
- À partir de **dix heures et demie**.
- Merci, **madame**. Au revoir!

1b Trouvez le français dans la conversation pour:

It's Matthew here.
I'd like to speak to …
Who's calling?
Hold on.
He's not here.
Can I leave a message?
How do you spell your surname?
What is your message?
What is your phone number?
What time can Mr Foley call you back?

1c Trouvez la fin de chaque message téléphonique.

1 Mme. Alalain ne peut pas
2 Mlle. Aubuisson regrette mais
3 M. Garcia est
4 M. Jouve veut un rendez-vous
5 Mme. Larraucou veut changer
6 Mme. Massy va rappeler dans

a elle est à l'hôpital.
b 45 minutes.
c la date de la réunion.
d venir à la réunion demain.
e malade aujourd'hui.
f demain à 10h30.

1d À deux. Répétez la conversation **1a** mais changez les détails en caractères gras.

2a Écoutez les messages sur le répondeur téléphonique. Identifiez qui a téléphoné. (1–6)

2b Regardez les images **2a**. Déchiffrez les codes pour trouver les messages secrets. Qui a écrit chaque message?

1. `10,5 / 4,15,9,19 / 1,12,12,5,18 / 1 / 21,14,5 / 1,21,20,18,5 / 18,5,21,14,9,15,14`

2. `ajaeasauaiasamaaalaaadaea`

3. `kf tvjt fo spvuf qpvs ofx zpsl`

4. `ia'j udrep sel sfelc ed am erutiov`

5. `i'zh lzmptd kd sqzhm`

6. `ej isod corpeuc'm ud bééb`

2c À deux. Écrivez 3 messages téléphoniques français en code secret. Est-ce que votre partenaire peut les comprendre?

cinquante-sept 57

1 You are in France, and decide to phone your penfriend, but he/she is out.

A
- Qui est à l'appareil?
- D'accord. Quel est ton numéro de téléphone?
- À quelle heure est-ce que tu vas rappeler?
- OK, c'est noté
- De rien

B
- Say who you are, and spell your surname
- 02-12-54-80-03;?
- Suggest 12h; 16h; 19h
- Say thank you

2 You telephone a campsite owner because you'd like a holiday job in France.

A
- Allô, Camping du Bois!
- Très bien. Avez-vous de l'expérience?
- Ah oui. À quelle date pouvez-vous commencer?
- Ça va
- 6,75€ par heure

B
- Say why you are phoning
- Say you have worked in one of these places: shop; sports centre; café
- !
- Ask how much you will earn

3 Talk for 1 minute on the subject of your ideal job. Make yourself a cue card.

Je voudrais être …

Je voudrais travailler … avec …

Je pense que ma personnalité est idéale pour cet emploi parce que je suis …

Au collège, j'aime … mais je n'aime pas …

J'ai de l'expérience dans ce domaine parce que …

> Giving an opinion is really important in the oral exam. Try to use *à mon avis* or *je pense que* before your opinion. Try to say *car* or *parce que* and give a reason for your opinion.
> **Exemple:**

> Je voudrais être professeur car à mon avis c'est un métier intéressant et je pense que je voudrais travailler avec les enfants.

Your examiner may ask …
Qu'est-ce que tu voudrais faire dans la vie?
Pourquoi préfères-tu ce métier?
Est-ce que tu voudrais être professeur?
Parle-moi de ton petit boulot.
Qu'est-ce que tu as fait/tu vas faire pendant ton stage en entreprise?

 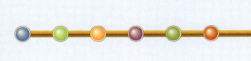

1 Use your imagination and invent a French character for yourself.

1 Produce a CV for this character.
2 As this character, write a letter of application for one of the jobs in the advert.

Euroland Paris

Nous cherchons pour notre Parc d'Attractions:
- réceptionnistes
- acteurs/actrices
- vendeurs/vendeuses

Veuillez écrire (avec CV) à Madame Besson, Euroland Paris

2 Write a description in 70–100 words about your work experience. If you haven't done work experience, use your imagination!

Introduction
Say where you worked, your working hours, and what you did. Use the perfect tense.

Paragraph 1
Describe your journey to work, and what you did at lunchtimes.

Paragraph 2
Describe your boss.

Paragraph 3
Say if you would like to do this job in the future, and why or why not.

Conclusion
Give your opinion about work experience in general, and reasons for your opinion.

j'ai fait mon stage en entreprise chez …
j'ai commencé/fini/mangé …
je suis allé(e)

le patron	male boss
la patronne	female boss
il/elle était	he/she was
il/elle avait	he/she had

Giving full descriptions gets you more marks. Try to add in at least 3 details when you are describing something or somebody.
Exemple:

Ma patronne était vraiment travailleuse, mais elle était très gentille aussi et elle avait un assez bon sens de l'humour.

Vary your descriptions by using these words before adjectives:
un peu   assez   très   vraiment   extrêmement

cinquante-neuf

Mots

Les métiers	Jobs
un acteur/une actrice	actor/actress
un(e) agent de police	policeman/woman
un boucher/une bouchère	butcher
un boulanger/une boulangère	baker
un caissier/une caissière	cashier
un chauffeur/une chauffeuse	driver
un coiffeur/une coiffeuse	hairdresser
un(e) dentiste	dentist
un fermier/une fermière	farmer
une hôtesse de l'air	air hostess
un infirmier/une infirmière	nurse
un(e) médecin	doctor
un(e) professeur	teacher
un(e) secrétaire	secretary
un serveur/une serveuse	waiter/waitress
un steward	air steward
un vendeur/une vendeuse	sales assistant

Où?	Where?
Je voudrais travailler dans …	I want to work in …
la banque	bank
un bureau	office
le commerce	business
l'informatique	information technology
un garage	a garage
un magasin	shop
le marketing	marketing
le tourisme	tourism
une usine	factory
en plein air	outdoors
dedans	inside
dehors	outside
à l'intérieur	indoors

Avec …?	With …?
les animaux	animals
les enfants	children
les gens malades	the sick
les ordinateurs	computers
les personnes âgées	the elderly

Le travail	Work
le choix	choice
décider	to decide
désirer	to want
un emploi	job
espérer	to hope
un job	temporary job
Qu'est-ce que vous voulez faire dans la vie?	What do you want to do?
Je voudrais devenir/Je voudrais être …	I want to be …
Je voudrais voyager	I want to travel
J'irai à l'université	I'll go to university
Je ferai un diplôme	I'm going to do a degree
travailler comme/chez	to work as/at

Les petits boulots — *Part-time jobs*

bien payé	*well paid*
un(e) client(e)	*client*
distribuer les journaux	*to deliver newspapers*
faire du babysitting	*to do babysitting*
francs	*Francs*
gagner	*to earn*
nettoyer	*to clean*
par heure	*per hour*
par jour	*per day*
la livre sterling	*Pound sterling*
mal payé	*badly paid*
un(e) patron(ne)	*boss*
un salaire	*salary*
par semaine	*per week*
un stage en entreprise	*work experience*
varié	*varied*
de bonne heure	*early*
le trajet dure …	*the journey takes …*

Au téléphone — *On the phone*

Quel est … numéro de téléphone?	*What is … phone number?*
C'est le …	*It's …*
Allô	*Hello*
C'est … à l'appareil	*It's … on the phone*
Est-ce que je peux parler à …	*May I speak to …*
Je voudrais parler à …	*I would like to speak to …*
… n'est pas là	*… is not there*
C'est de la part de qui?	*Who is speaking?*
Pouvez-vous lui transmettre un message?	*Can you give him a message?*
laisser un message	*to leave a message*
À quelle heure est-ce que je peux rappeler?	*At what time can I call back?*
un répondeur téléphonique	*answering machine*
Ne quittez pas	*Hold on*
une réunion	*meeting*

Ma ville

1a Copiez la boussole et placez les villes au bon endroit.
Copy the compass and put the towns in the right place.

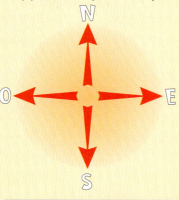

Toulon   Cognac   Nancy
Arras   Clermont-Ferrand

Mon village est situé	dans le nord	de la France
Ma ville est située	dans le sud	de l'Angleterre
	dans l'est	de l'Écosse
	dans l'ouest	du pays de Galles
	dans le centre	de l'Irlande

une boussole   *a compass*

1b Indiquez si les phrases sont vraies ou fausses, et corrigez les phrases fausses.
Note if each sentence is true or false, and correct the false sentences.

1 Brighton est dans l'ouest de l'Angleterre.
2 Cardiff est dans le sud du pays de Galles.
3 Norwich est dans l'est de l'Angleterre.
4 Édimbourg est dans le centre du pays de Galles.
5 Belfast est dans le nord de l'Irlande.
6 Newcastle est dans l'ouest de l'Angleterre.
7 Londres est dans le sud de l'Écosse.
8 Lyme Regis est dans le sud de la France.

soixante-deux

1c À deux. Copiez la boussole.
In pairs. Copy the compass.

EN SECRET, placez ces prénoms.
Ensuite trouvez qui habite où.
*In secret, place these names.
Then find who lives where.*

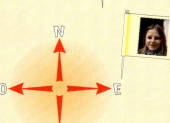

Exemple:

- *Juliette habite dans l'ouest?*
- *Non*
- *Elle habite dans l'est?*
- *Oui!*

1d Copiez et complétez les phrases correctement.
Copy and complete the sentences correctly.

1. Les Alpes sont dans l' ▰.
2. La Bretagne est dans l' ▰.
3. Le Midi est dans le ▰.
4. Strasbourg est dans l' ▰.
5. Les Pyrénées sont dans le ▰.
6. La Manche est dans le ▰.
7. Le Havre est dans le ▰.
8. Marseille est dans le ▰.

Déjà Vu

1e Regardez les images et écrivez les phrases en français.
Look at the pictures and write the sentences in French.

Exemple: 1

> Mon village est situé dans le nord de l'Angleterre.

	du pays de Galles
	de la France
de l'	Angleterre
	Écosse
	Irlande

2a Identifiez les symboles.
Identify the symbols.

Exemple: a le château

le château	la piscine
le stade	la gare
le musée	l'hôtel de ville
le parc	l'hôpital
le magasin	l'église
le collège	
le syndicat d'initiative	

Dans ma ville	il y a	un stade
		une gare
		des magasins
	il n'y a pas de	stade
		gare
		magasins

2b Mettez les symboles dans le bon ordre.
Put the symbols in the right order.

3a Faites une liste en français de ce qui existe dans ces villes/villages.
Make a list of what there is in these cities/towns.

Exemple: **a** = *une piscine, des magasins, …*

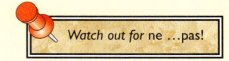
Watch out for ne …pas!

a J'habite à Albertville. Il y a une très belle piscine, des magasins et un hôpital. Il y a une gare et des églises, mais il n'y a pas de château.

b J'habite dans un très petit village dans les Alpes. Il n'y a pas d'école, et il y a un seul magasin, c'est tout.

c Dans ma ville, il y a un grand hôpital, un stade de foot et un musée. Il y a aussi une magnifique cathédrale!

d Il n'y a pas de piscine dans mon village, mais il y a un grand parc et neuf ou dix magasins. Il y a aussi une église et une école.

e J'habite Blois. L'hôtel de ville est très joli. Il y a un syndicat d'initiative pour les touristes, et un grand château. Il y a aussi beaucoup de magasins, bien sûr.

3b À deux. En français.
In pairs. In French.

A
- Où habites-tu?
- C'est une ville ou un village?
- Où se trouve ta ville/ton village?
- Qu'est-ce qu'il y a dans ta ville/ton village?
- Tu aimes habiter dans ta ville/ton village?

B
- Say Glasgow; London; ?
- Say ;
- Say ; ; ?
- Say 🏢 ; ⛪ ; ?
- Say 🙂 ; 😐 ; 🙁

3c Écrivez 2 paragraphes.
Write 2 paragraphs.

1 Dans mon village/ma ville, il y a (+ liste).
2 Mais il n'y a pas de (+ liste).

soixante-cinq

1 *Voici ma ville*

Describing a town

Toulouse

Alicia habite à Toulouse, la quatrième ville de France, et **la capitale** de la région Midi-Pyrénées. Toulouse se trouve **dans le sud-ouest** de la France, **à 730 kilomètres de** Paris, et il y a environ 700 000 habitants. Alicia n'habite pas en ville, mais dans **la banlieue**. Toulouse est **une grande ville** qui est **industrielle**, mais très **agréable** aussi, et très **historique**.

Le Morne-Rouge

Pierre habite dans **un petit village** qui s'appelle Le Morne-Rouge. Le Morne-Rouge se trouve dans le nord de la Martinique, **une île** des Caraïbes qui est officiellement **une région** de la France. Le Morne-Rouge est situé **sur la côte**, près de Fort-de-France, la capitale de la Martinique. C'est un **joli** village **touristique**.

Florennes

Sébastien est belge. Il habite à Florennes, **une ville moyenne** de 10 000 habitants qui est située **dans le sud-est** du pays. Florennes est **à la campagne** dans une région rurale, mais très **animée**.

1a Qui … (Alicia, Pierre ou Sébastien):

1. habite dans une grande ville?
2. habite en Belgique?
3. habite dans une ville moyenne?
4. habite en France?
5. n'habite pas en Europe?
6. habite dans la capitale de sa région?
7. habite dans la banlieue?

1b Copiez la grille, puis catégorisez les mots en caractères gras dans les textes.

Catégorisez aussi:

au bord de la mer	beau
calme	à la montagne
moderne	important
un quartier	ancien
vieux	typique
magnifique	

Sorte de lieu	Situation	Description
une grande ville	dans le sud-ouest	historique

Utilisez un dictionnaire si vous voulez.

1c Où habitent-ils? (1–5)

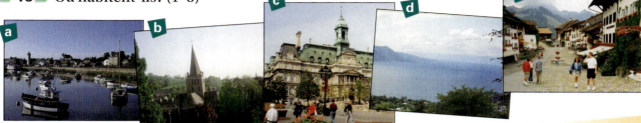

1d Copiez et complétez les descriptions.

1 York est une grande ▭ située dans le ▭ de l'Angleterre. C'est une ville ▭. Il y a 174 000 ▭.
2 Tillicoultry est un ▭ village qui se ▭ dans le centre de l'▭ près de ▭.
3 Albertville se trouve à la ▭, dans les Alpes. C'est une ville ▭ de 100 000 habitants, qui ▭ située à 120 ▭ de Lyon.
4 La Rochelle se trouve sur la ▭, au bord de l'▭. C'est une ▭ ville.

moyenne, kilomètres, Atlantique, habitants, ville, montagne, Écosse, trouve, est, jolie, petit, côte, nord, historique, stirling

2a Identifiez les sortes de logement.

a une maison individuelle
b une maison jumelée
c une maison mitoyenne
d un HLM

It doesn't matter whether or not you know anything about the towns mentioned; you just need to look at the words, as only one can possibly make sense in each gap.

Le détective

Position of adjectives
Most adjectives come after the noun.
   Exemple: une ville industrielle/un village historique

But a few short, common adjectives come before the noun.
   Exemple: un petit village/une jolie ville

Pour en savoir plus ➔ page 175, pt 6.4

2b Écrivez 2 phrases sur les sortes de maisons qu'il y a dans votre village/ville.

Dans	mon village	il y a	beaucoup de	maisons individuelles
	ma ville		plein de	maisons jumelées
	mon quartier		pas mal de	maisons mitoyennes
	ma région	il n'y a pas de/d'		HLM

soixante-sept 67

2 Qu'est-ce que c'est qu'une ville typique?

Saying what there is in a town
Desribing a local festival

1a Faites correspondre les mots et les photos.

1 un camping
2 une mairie
3 un monument historique
4 une place
5 un pont
6 un port
7 une gare routière
8 une cité
9 un commissariat
10 un théâtre
11 un centre sportif
12 un centre commercial
13 une patinoire
14 un centre de recyclage

1b Qu'est-ce qu'il y a dans ces villes? Notez en français. (1–6)

2 Préparez une description de votre ville/village, et de 2 autres villes/villages dans votre région en changeant les mots colorés.

Exemple:

> **Surgères** est **une ville** qui se trouve dans **le sud-ouest de la France**, près de **La Rochelle**. C'est **joli**, **touristique** et **tranquille**. Il y a **un centre commercial, une place, une gare, des parcs, un camping, un château** et **une belle église**. Dans **ma ville**, il y a beaucoup de **maisons individuelles** mais il n'y a pas d'**HLM**.

When saying a list, make sure you get your intonation right, i.e. you get the right **tune**! Your voice should go up with each item on the list, and down on the last item.
Exemple:

Il y a un centre commercial, une place, une gare, des parcs, un camping, un château et une belle église.

68 soixante-huit

3a Lisez le texte, puis identifiez la fête: le 14 juillet, Noël, ou le Carnaval?

1. Le matin, on est allé à l'église: il faisait très froid!

2. Je me suis déguisé en diable rouge: c'était très amusant!

3. J'ai reçu plein de cadeaux de ma famille et de mes amis.

4. Le feu d'artifice était vraiment formidable!

5. On a passé quatre jours à danser et à chanter.

6. En famille, nous avons mangé des huîtres: elles étaient délicieuses!

7. J'ai vu mille soldats dans le grand défilé. C'était assez impressionnant.

8. Je suis allée à un marché spécial dans les rues de la ville.

On fait la fête

À Toulouse, pour nous, la grande fête, c'est le quatorze juillet: c'est la fête nationale de la France. C'est un jour de congé pour tout le monde. Le matin, il y a un grand défilé militaire, qui se termine sur la place. Le soir, il y a des feux d'artifices sur la rivière: ça, c'est super. Après, il y a un bal sur la place, et on danse jusqu'à deux ou trois heures du matin.

Ce que j'aime bien à Florennes, c'est Noël. Il y a un marché spécial dans les rues, et on peut acheter de petits cadeaux pour la famille. Le jour de Noël, on va à la messe le matin. On ouvre les cadeaux le 24 décembre, si le Père Noël ne nous a pas oubliés ... Le jour de Noël, on mange des huîtres et du foie gras, et on boit beaucoup de champagne.

Aux Caraïbes, tout s'arrête pour notre Carnaval qui a lieu en février. Pendant quatre jours, on danse, on chante dans la rue: et surtout, on s'amuse. Pour Mardi Gras, on se déguise en diables rouges, et le lendemain, on enterre le Roi du Carnival. C'est vraiment une fête extraordinaire.

On is a very useful word meaning **you** or **we** or **one** or **people**. It is easy to use: the verb follows the same pattern as for il/elle.

3b Qu'est-ce que vous faites chez vous pour faire la fête? Décrivez une fête qui existe dans votre région.

Nous, on fête … le … (date) …				
Le matin	il y a	un défilé	et on	danse
L'après-midi		un marché		chante
Le soir		un bal		mange
		un concours		boit
		un concert		s'amuse
		des feux d'artifice		se déguise (en …)
		un match de foot		joue (à …)
		un spectacle		va (à …)

3 Nos environs

Making comparisons and explaining pros and cons

J'habite en ville. Je pense que la ville est plus animée que la campagne. Bien sûr, la campagne est moins sale que la ville, et plus calme, mais je préfère la ville, parce c'est plus dynamique.

J'habite à la campagne. À mon avis, la campagne est plus tranquille que la ville. Les maisons sont plus jolies et c'est moins sale.

Le détective

Comparisons

plus … que = *more … than*

Exemple: la campagne est plus tranquille que la ville = *the countryside is more peaceful than the town*

moins … que = *less … than*

Exemple: la campagne est moins sale que la ville = *the countryside is less dirty than the town*

Pour en savoir plus ➡ page 175, pt 6.5

1a Notez s'ils préfèrent la ville ou la campagne, et pourquoi. (1–6)

Exemple:

Préfère	Raisons
1 la campagne	c'est plus tranquille

1b Pour ou contre la vie à la campagne? Catégorisez les phrases: P (positif) ou N (négatif).

a Notre maison est entourée de champs et de bois, ce qui est très agréable.

b Je dois me lever à 6h pour aller au collège, car c'est à 30 kilomètres de chez moi.

c Il y a moins de bruit.

d Mes camarades habitent loin de chez moi.

e L'environnement est plus propre. Il y a trop de pollution en ville.

f Mes parents ont des moutons et des vaches, et j'ai un cheval à moi.

g Les transports en commun ne sont pas assez fréquents.

h On n'a pas tout ce qu'il faut pour s'amuser: aucun cinéma, aucune boîte, seulement le bar local.

i En ville, tout le monde jette ses déchets par terre, et les rues sont souvent sales.

j Il n'y a pas assez de magasins: on n'a pas de choix.

1c Quelle est votre opinion? Écrivez où vous habitez (en ville ou à la campagne). Faites une liste en français de 3 avantages (+) et 3 inconvénients (–) d'y habiter.

Le détective

Negatives

ne … aucun(e) = *no/not a single …*

Exemple: Il n'y a aucun cinéma = *There's no cinema.*

Pour en savoir plus ➡ page 174, pt 5.2

> *Giving pros and cons:*
> il n'y a pas assez de
>   = *there's not enough …*
> il y a trop de
>   = *there's too much/too many …*
> l'avantage, c'est que …
>   = *one advantage is that …*
> l'inconvénient, c'est que …
>   = *one disadvantage is that …*
> d'un côté … , d'un autre côté …
>   = *on the one hand … ,*
>   *on the other, …*
> mais = *but*
> pourtant = *however*
> par contre = *on the other hand, …*

1d Faites le Jeu-Test!

Jeu-Test – Es-tu écolo?

Fais-tu assez pour protéger ta ville … et donc la planète …?

1 Dans la rue, tu vois quelqu'un qui jette des déchets par terre.
  a Tu ne fais rien.
  b Tu mets le papier à la poubelle.
  c Tu lui dis 'Hé, idiot, il y a une poubelle là-bas!'

2 Tu veux aller en ville, mais le bus n'est que toutes les 30 minutes. Est-ce que:
  a Tu demandes à ta mère de t'y conduire en voiture?
  b Tu attends patiemment le bus?
  c Tu écris à la compagnie d'autobus pour demander un service plus régulier?

3 Il y a plein de vieux journaux chez toi. Est-ce que:
  a Tu les mets à la poubelle avec les autres déchets?
  b Tu les portes au centre de recyclage?
  c Tu vas au centre de recyclage avec tes journaux, tes bouteilles vides, et un sac de vieux vêtements?

4 Tu habites à 2 kilomètres du collège. Il pleut.
  a Tu demandes à ton père de t'y conduire en voiture.
  b Tu mets ton imperméable et tu pars pour le collège.
  c Tu y vas à vélo: c'est rapide et ne pollue pas.

5 On veut faire construire une nouvelle cité sur le terrain de sports de ton collège.
  a Bonne idée: tu as horreur de l'EPS.
  b C'est dommage, mais les maisons sont nécessaires.
  c Tu organises une pétition avec tes camarades de classe: protégeons notre terrain de sport!

6 Tu fais un pique-nique tranquille à la campagne. Un groupe de jeunes arrive avec un gros radio-cassette.
  a Tu leur demandes de faire jouer la musique plus fort: tu adores le hard rock!
  b Tu n'aimes pas le bruit, mais tu ne dis rien.
  c Tu leur demandes d'arrêter la musique: c'est la campagne, après tout!

Si tu as répondu surtout a:
Attention! Ton attitude est très relax envers l'avenir de notre planète. Tu dois commencer à réfléchir un peu plus …

Si tu as répondu surtout b:
Tu as une attitude raisonnable envers ton evironnement, mais tu pourrais faire un peu plus.

Si tu as répondu surtout c:
Félicitations! Tu es très écolo. Si seulement tout le monde était comme toi …

1 You are on holiday in Marmande in France and you phone your penfriend to talk about the town.

A
- Où est Marmande exactement?
- C'est une grande ville?
- Qu'est-ce qu'il y a dans la ville?
- Qu'est-ce que tu penses de Marmande?
- C'est vrai?

B
- Say Marmande is in the south-west
- Say it is a medium-sized town
- Say there is one of these things in Marmande: campsite; police station; church
- Say what you think of Marmande

2 You are showing a French tourist around your town.

A
- Vous habitez ici depuis quand?
- Et qu'est-ce qu'il y a dans la ville?
- Et il y a des problèmes dans votre ville?
- C'est intéressant
- À Bayeux, en Normandie

B
- Say how long you have lived in your town 6 months; 5 years; 10 years
- Say there is a very old castle in your town
- !
- Ask the visitor where he/she lives

3 Talk for 1 minute about your favourite town. Make yourself a cue card.

> Je vais vous parler de ma ville préférée.
> Ma ville préférée s'appelle …
> Elle est située …
> À …, il y a beaucoup de distractions, par exemple …
> J'aime … parce que c'est …
> J'aime … habiter à … parce que …
> Récemment à …, j'ai …

Your examiner may ask …

Quelles sortes de maisons est-ce qu'il y a dans ta ville/ton village?

Est-ce que tu as visité la France? Fais-moi la description de la ville/le village que tu as visité.

Est-ce que tu préfères la ville ou la campagne? Pourquoi?

Où est-ce que tu voudrais habiter? Pourquoi?

Qu'est-ce que tu as fait Noël dernier?

The key to success is to speak as much as you can!
Exemple:
Où habites-tu?
- Liverpool. ☹
- J'habite à Liverpool. 😐
- J'habite à Liverpool, une grande ville industrielle qui se trouve dans le nord-ouest d'Angleterre, sur la côte. ☺

You get extra marks for content and independence when you give long, interesting answers.

 1 Write a postcard describing your home town.

> Say where you live and where in Britain that is.
> Say what there is to do in your town.
> Say what your town is like.
> Say what kinds of houses there are there.
> Say if you like living there, and why or why not.
> Try to give plenty of details. If you live in a tiny place with not much to describe, imagine you live in a bigger town and describe that instead.

Jean-Luc Arnaud
45bis, rue Carnot
13570 Barbentane

 2 Produce a leaflet advertising your local area in 70–100 words.

Say where in Britain your region is.

Choose 4 or 5 towns in your region to focus on.

Write a description of each town, saying where it is, what it is like and what there is to do there. Express an opinion about each town, and give reasons.

Quote some French tourists describing which towns they visited, what they did there and what they thought of the town. You could write the quotes in speech bubbles or present them as a report.

Quote a tourist saying which town they would like to visit in the future, and why.

> Checking written work will really improve your mark. When you have done your first draft, go through it and check:
> - Your verb tenses and formation. Have you got the past, present and future tenses right?
> - Your genders. Have you just guessed if a word is masculine or feminine? Check the gender using the glossary or dictionary.
> - Your adjective endings.
> - Your spellings and accents. Make sure you remember the accents, especially if you are word processing your work.

soixante-treize 73

Mots

C'est où? — Where is it?
être situé/se trouver	to be situated
à la campagne	in the country
sur la côte	on the coast
à … kilomètres de …	… kilometers from …
au bord de la mer	beside the sea
en ville	in town
à la montagne	in the mountains
dans le nord	in the north
dans le sud	in the south
dans l'est	in the east
dans l'ouest	in the west
dans le centre	in the centre

La Grande Bretagne — Great Britain
l'Angleterre	England
l'Écosse	Scotland
L'Irlande (du Nord)	(Northern) Ireland
le pays de Galles	Wales

Les distractions — What to do in a town
le camping	campsite
la cathédrale	cathedral
le château	castle
le centre commercial	shopping centre
le commissariat	police station
une école	school
une église	church
la gare	station
la gare routière	bus station
un hôpital	hospital
un hôtel	hotel
l'hôtel de ville	town hall
un magasin	shop
un monument historique	monument
le musée	museum
le parc	park
la piscine	swimming pool
la place	square
le pont	bridge
le port	port
le stade	stadium
le syndicat d'initiative	tourist information office
la banlieue	suburbs
le quartier	district
la région	region
le village	village
la ville	town

À la campagne — In the country
le bois	wood
le champ	field
le cheval	horse
le mouton	sheep
la vache	cow
le lac	lake
un arbre	tree

Pour décrire une ville — Describing a town
agréable	pleasant
ancien(ne)	ancient
animé(e)	busy
beau(belle)	beautiful
calme	quiet
les habitants	inhabitants
historique	historical
industriel(le)	industrial
joli(e)	pretty
magnifique	magnificent
moderne	modern
sale	dirty
typique	typical
vieux(vieille)	old

Les fêtes — *Special days*
- avoir lieu — *to take place*
- un bal — *dance*
- boire — *to drink*
- un concours — *competition*
- chanter — *to sing*
- danser — *to dance*
- un défilé — *parade*
- la fête — *festival*
- les feux d'artifice — *fireworks*
- se déguiser (en …) — *to dress up (as…)*
- manger — *to eat*
- un marché — *market*
- un match de foot — *football match*
- Noël — *Christmas*
- Pâques — *Easter*
- le 14 juillet — *Bastille day*
- un jour de congé — *a day's holiday*
- s'amuser — *to have fun*
- un spectacle — *show*

L'environnement — *The environment*
- le centre de recyclage — *recycling centre*
- les déchets — *rubbish*
- jeter — *to throw away*
- par terre — *on the ground*
- la pollution — *pollution*
- tout le monde — *everyone*
- les transports en commun — *public transport*

Les sortes de logement — *Types of housing*
- une cité — *housing estate*
- un HLM — *council flat*
- maison individuelle — *detached house*
- maison jumelée — *semi-detached house*
- maison mitoyenne — *terraced house*

Le pour et le contre — *Pros and cons*
- il n'y a pas de … — *there aren't any …*
- un avantage — *advantage*
- un inconvénient — *disadvantage*
- être pour/contre — *to be for/against*
- moins que — *less than*
- plus que — *more than*
- par contre — *on the other hand*
- d'un autre côté — *on the other side (of argument)*
- mais — *but*
- pourtant — *however*

La géographie — *Geography*
- Bordeaux — *Bordeaux*
- Bruxelles — *Brussels*
- Calais — *Calais*
- Douvres — *Dover*
- Londres — *London*
- Lyon — *Lyons*
- Paris — *Paris*

Les régions — *Regions*
- la Bretagne — *Brittany*
- la Côte d'Azur — *Riviera*
- le Midi — *South of France*

Les rivières — *Rivers*
- la Loire — *Loire*
- le Rhône — *Rhône*
- la Seine — *Seine*

Les montagnes — *Mountains*
- les Alpes — *Alps*
- les Pyrénées — *Pyrenees*

Les mers — *Seas*
- l'Atlantique — *Atlantic*
- la Manche — *English Channel*
- la Méditerranée — *Mediterranean*

soixante-quinze

Aux magasins

1 Identifiez le prix dans l'annonce. (1–8)
Identify the price in the announcement.

C'est combien?
100 cents = un euro (1€)
100 pence = une livre sterling (£1)

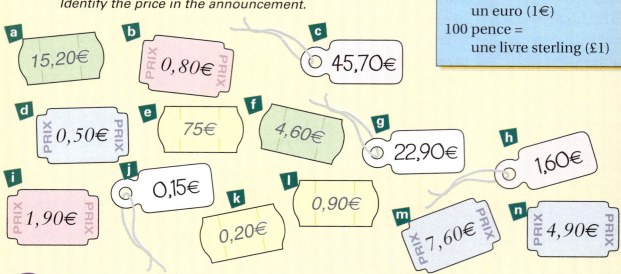

a 15,20€
b 0,80€
c 45,70€
d 0,50€
e 75€
f 4,60€
g 22,90€
h 1,60€
i 1,90€
j 0,15€
k 0,20€
l 0,90€
m 7,60€
n 4,90€

2a Identifiez les symboles pour les magasins.
Identify the symbols.

2b Notez le magasin en français. (1–10)
Write down the shop in French.

la pharmacie	la charcuterie	la parfumerie
la boulangerie	le supermarché	la poste
la pâtisserie	la confiserie	
le tabac	l'épicerie	

2c Trouvez un exemple de chaque sorte de magasin dans votre ville la plus proche.
Find an example of each type of shop in your nearest town.

Exemple: Boots est une pharmacie.

3a LIRE Regardez les photos. Faites une liste des vêtements de chaque personne. Commencez par *'Il/elle porte ...'*
Look at the photos. Make a list of each person's clothes. Start with 'Il/elle porte ...'

un anorak
un chapeau
des chaussettes
des chaussures
une chemise
une cravate
un imperméable
une jupe
un pantalon
un pull
une robe
une veste
un manteau

3b ÉCOUTER Qu'est-ce qu'ils veulent acheter? Notez le vêtement, la couleur et s'ils l'ont dans le magasin ✔ ou pas ✘. (1–6)
What do they want to buy? Note the item of clothing, the colour, and if they have it in stock or not.

Je voudrais ...
Avez-vous ...?
Je cherche ...
C'est combien?
C'est tout?
Il n'y a plus de ...

3c PARLER À deux. En français:
In pairs. In French:

A
- Bonjour, je peux vous aider?
- Quelle couleur?
- En quelle taille?

B
- Ask if they have any ; ; ?
- Say ; ; ?
- Say size 36; 40; ?

3d ÉCRIRE Faites une liste de quatre vêtements (+ couleur) pour chaque événement.
Make a list of four items of clothing (+ colour) for each occasion.

1. un match de foot
2. des vacances à la mer
3. une boîte
4. un mariage
5. le collège

Rappel
Remember to put the colour after the item, and to add -e for feminine clothes, and -s for plural.

soixante-dix-sept

1 On fait un pique-nique

Buying quantities of food

CHEZ SUPER M

eau minérale
2,30€
les 3 bouteilles

Coca **0,65€**
la boîte

raisin blanc
1,40€ le kilo

lait 2 litres pour
1,30€

chips grand paquet
0,85€

yaourt nature
1,60€
les six pots

fromage Camembert
1,80€
(200 grammes)

baguettes
0,50€
la pièce

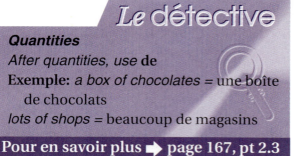

Le détective

Quantities
After quantities, use *de*
Exemple: *a box of chocolates* = une boîte de chocolats
lots of shops = beaucoup de magasins

Pour en savoir plus ➡ page 167, pt 2.3

 1a Ils paient combien? Notez le prix. (1–8)

 1b Regardez la publicité *Chez Superm*. Complétez ces phrases avec une quantité.

1 un ▬▬▬ de chips
2 un ▬▬▬ de yaourt
3 un ▬▬▬ de lait
4 200 ▬▬▬ de fromage
5 une ▬▬▬ de Coca
6 un ▬▬▬ de raisin
7 une ▬▬▬ d'eau minérale

1c Formez des phrases logiques.

1	une boîte de	œufs
2	une bouteille de	bananes
3	une douzaine d'	mousse au chocolat
4	200 grammes de	jus d'orange
5	2 kilos de	pommes de terre
6	un litre de	soupe
7	un paquet de	fromage
8	un pot de	vin
9	un sac de	biscuits

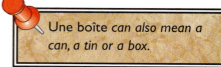

Une boîte *can also mean a can, a tin or a box.*

2a Écoutez ces conversations à l'épicerie. (1–4) Notez les détails qui manquent.

Vendeuse: Bonjour, monsieur. Vous désirez?
Client: Avez-vous des **a**?
Vendeuse: Oui, combien en voulez-vous?
Client: Donnez-moi **b**, s'il vous plaît.
Vendeuse: Voilà. Et avec ça?
Client: Je voudrais **c** de **d**, s'il vous plaît.
Vendeuse: **c** de **d**, voilà. Voulez-vous autre chose?
Client: Non, c'est tout. Ça fait combien?
Vendeuse: Ça fait **e**.

2b À deux. Répétez la conversation utilisant les détails ci-dessous.

3a On fait un pique-nique. C'est la liste de qui?

1 6 bananes, Coca, chips, croissants, fromage

2 4 pommes, Orangina, chips, pâté, pain

3 1 kilo raisin, jambon, baguette, 1 litre jus d'orange, chocolat

4 Coca, chips, 4 pommes, pâté, pain de campagne

5 biscuits, baguette, 2 kilos raisin, fromage, eau minérale

6 Orangina, croissants, pâté, 3 pêches, biscuits

3b Préparez une liste pour un pique-nique pour votre classe entière.

Exemple: 6 baguettes
2 kilos de pâté ...

soixante-dix-neuf

2 Les fringues

Buying clothes

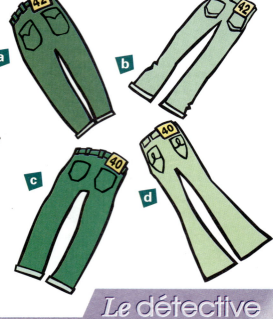

 1a Lisez la conversation. Qu'est-ce qu'elle achète?

» Bonjour, mademoiselle. Je peux vous aider?
– Je cherche un jean.
– Quelle taille?
– Taille 42.
– Et quelle couleur?
– Vert foncé, s'il vous plaît.
– D'accord … un moment … voilà.
– Est-ce que je peux l'essayer?
– Bien sûr.
(5 minutes plus tard)
– Malheureusement il est trop grand. Avez-vous quelque chose de plus petit?
– Oui, ce jean est en taille 40.
– Merci, je le prends.
– Très bien, vous payez à la caisse. «

Le détective

Foncé and **clair**
vert foncé = *dark green*
vert clair = *light green*
When you use foncé/clair with a colour, no endings are added to the colour word.
  Exemple: des chaussettes vertes/ des chaussettes vert clair

Pour en savoir plus ➡ page 174, pt 6.2

 1b Choisissez les bonnes lettres pour chaque conversation. (1–5)

When buying shoes, the word for size is **pointure**.

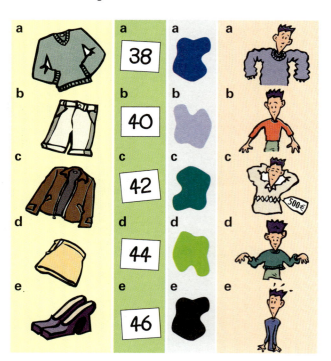

 1c À deux. Répétez la conversation **1a** en utilisant les détails ci-dessous.

LIRE 2 Faites correspondre la phrase et l'image.

Le détective

this and these
masculine   ce jean = *this pair of jeans*
              cet imperméable = *this raincoat*
feminine   cette veste = *this jacket*
plural   ces chaussures = *these shoes*

Pour en savoir plus ➡ page 176, pt 6.6

1 Cette jupe est trop courte.
2 La couleur de cet anorak ne me plaît pas.
3 Il n'y a plus de ces chaussures.
4 Je préfère cette veste, mais il n'y en a pas en rouge.
5 Ce pyjama est beaucoup trop cher.
6 Ces baskets sont trop étroites.

LIRE 3 Répondez à ces questions en anglais.

1 What colours of jumper are available? *(3)*
2 What are the trainers made of? *(1)*
3 I want a large swimsuit. How much will it cost? *(1)*
4 How do I know what size trainers I should order? *(1)*
5 What is the jumper made of? *(1)*
6 What colour baseball caps can I get? *(4)*
7 Describe the tracksuit. *(4)*
8 Are the trainers suitable for inside and outside use? *(1)*

BOUTIQUE SPORT

Le survêtement adulte bicolore
SANTORINI
Blouson: 2 poches zippées
Jogging: 2 poches côtés
100% polyester
67,70€.

Le maillot de bain St Tropez
2 pièces avec fines bretelles
Un prix unique pour toutes les tailles
18,30€

Le sweat capuche adulte essentiel
NPF
Poche kangourou.
100% coton
43,50€

La casquette
Blanc, beige, gris ou noir
14,50€

Les baskets *voucher*
Pour joueurs sérieux ou occasionnels, sur tous terrains. Dessus cuir. Coussin d'air visible.
Commandez 1 pointure de plus que votre pointure normale.
83€

Le pull COL V
En vert clair, bleu clair ou bleu foncé
100% laine pure
64,80€

3 Au grand magasin

Shopping in a department store
Talking about pocket money

Au sous-sol
alimentation

Au rez-de-chaussée
accessoires parfumerie papeterie librairie
souvenirs

Au premier étage
vêtements pour femme

Au deuxième étage
vêtements pour enfants
vêtements pour homme

tout pour la maison
maison des cadeaux

Au troisième étage
jouets
musique
électroménager/photo
bureau de change

GALERIES LAFAYETTE

1a À tour de rôle. C'est à quel étage?

Exemple: 1 C'est au premier étage.

1 Je cherche une robe.
2 Où est le rayon des CD?
3 Je voudrais acheter une carte d'anniversaire française.
4 Où sont les parapluies, s'il vous plaît?
5 Vous vendez des magnétoscopes?
6 Je voudrais changer des chèques de voyage.
7 Où est-ce qu'on peut acheter des provisions pour un pique-nique?
8 Je cherche un appareil photo.

1b Identifiez le rayon du magasin. (1–8)

Exemple: 1 le rayon des vêtements pour enfants.

Sondage aux Galéries Lafayette: qu'est-ce que tu fais de ton argent de poche?

Je reçois de l'argent de poche de mes parents. J'ai 5€ par semaine. Normalement avec mon argent j'achète des bonbons, des cadeaux et des magazines d'ordinateur mais maintenant je fais des économies parce que je vais m'acheter un téléphone portable et ça va me coûter cher. Je trouve que j'ai assez d'argent de poche, parce que mes parents me paient mes vêtements et mes tickets de bus.

Olivier, 16 ans.

Moi, je reçois 6€ par semaine de mes parents. J'achète des magazines et plein de romans mais pas mes vêtements. La semaine dernière je suis allée au cinéma et j'ai acheté aussi un jeu-vidéo. À la fin de la semaine, il me reste assez d'argent pour faire des économies – c'est pour des cadeaux de Noël.

Audrey, 16 ans.

Je viens souvent en ville pour dépenser mon argent de poche. Je reçois 30€ par mois de ma mère. Ce que j'aime acheter le plus, ce sont les vêtements. J'ai le droit de choisir ce que je veux, mais je dois les payer toute seule – le week-end dernier j'ai acheté une jupe, mais ça a coûté 22,90€! Ma mère m'achète des chaussures pour le collège, et c'est tout. J'achète aussi des bijoux, du maquillage, et des magazines de mode. Je fais des économies pour un appareil-photo. J'aimerais avoir un peu plus d'argent par mois, parce que les vêtements coûtent très cher.

Angélique, 15 ans.

Mon père me donne 20€ par mois. Ça ne me suffit pas. Je dois payer tout, y compris mes vêtements. Ce trimestre mon père m'a acheté le matériel pour le collège: mes cahiers, mes livres, mes crayons et le reste, mais c'était à moi d'acheter mes vêtements. Je trouve que ce n'est pas juste. J'aimerais acheter une moto mais je ne peux pas faire d'économies car je n'ai pas assez d'argent.

Yann, 15 ans.

2a Qui …

1. a payé 22,90€ pour une jupe?
2. achète beaucoup de livres?
3. achètera un téléphone portable?
4. reçoit le plus d'argent de poche?
5. font des économies?
6. ne sont pas contents de leur argent de poche?
7. achètent des magazines?
8. doivent acheter leurs vêtements?

2b Dans la lettre d'Olivier, trouvez le français pour:

1. I get pocket money from …
2. I have … per week
3. With my money I buy …
4. I am saving up because …
5. I get enough pocket money.
6. My parents pay for …

Look at the verbs to see if the answer is one or more than one person.

2c Copiez et complétez la grille en français. (1–5)

	Prénom	combien?	quand?	de qui?	achète?
1	Jacques	6,85€	par semaine	mes parents	jeux électroniques, …

2d Préparez un paragraphe sur votre argent de poche (réel ou imaginaire).

4 À la poste et à la banque

Sending letters and parcels, and exchanging currency

> une lettre
> une carte postale
> un paquet
> un timbre
> la boîte aux lettres
> la cabine téléphonique

 1a À deux. Répétez cette conversation.

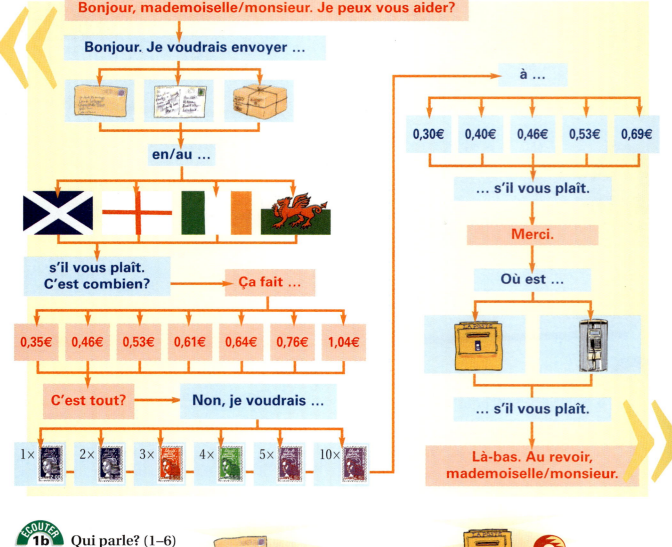

 1b Qui parle? (1–6)

2 Mettez les instructions dans le bon ordre. Puis écoutez pour vérifier vos réponses.

a attendez la tonalité
b décrochez
c parlez à votre correspondant(e)
d introduisez votre télécarte ou votre pièce
e retirez la télécarte
f raccrochez
g composez le numéro

3a Écoutez la conversation à la banque et trouvez les bonnes réponses.

1 Je peux vous aider?
2 Avez-vous une pièce d'identité?
3 Quelle sorte de billets voulez-vous?
4 Voulez-vous de la monnaie aussi?

a Je veux bien, est-ce que je peux avoir quelques pièces d'un cent?

b Donnez-moi des billets de 100€, s'il vous plaît.

c Je voudrais changer des chèques de voyage, s'il vous plaît.

d Oui, voici mon passeport.

3b Identifiez l'argent reçu par chaque client. (1–5)

3c À deux. En français:

A
- Je peux vous aider?
- Avez-vous une pièce d'identité?
- Quelle sorte d'argent voulez-vous?

B
- Say you want to change some traveller's cheques
- Say here is your passport
- Say you would like some 50€ notes and some 10 cent coins

4 Copiez et complétez la grille. (1–6)

	Veut?	Problème?
1	changer des chèques de voyage	passeport à la maison

quatre-vingt-cinq 85

 1 You are at a market in France.

 A
- Bonjour, vous désirez?
- Combien en voulez-vous?
- Très bien
- 1,80€
- De rien. Au revoir

 B
- Say you would like one of these things: carrots; tomatoes; potatoes
- Say how much you would like: 500g; 1kg; 2kg
- Ask how much that will cost
-

 2 You are in a clothes shop in France.

 A
- Je peux vous aider?
- Oui, monsieur/mademoiselle. Quelle taille et quelle couleur?
- Ça coûte 83€
- La qualité est très bonne, vous savez
- D'accord, au revoir

 B
- Say you are looking for trousers; a jumper; a coat
- !
- Say that's too expensive
- Say you will not buy the item

 3 Talk for 1 minute about money. Make yourself a cue card.

> L'argent de poche: Combien vous recevez, de qui, quand, ce que vous faites de votre argent - achats, économies, ce que vous avez acheté récemment.
>
> Ce que vous faites pour gagner de l'argent - à la maison, votre petit boulot.
>
> Ce que vous achèteriez si vous étiez riche ('Si j'étais riche, j'achèterais ...').

Le détective

The conditional tense means **would**,
Exemple: j'achèterais *I would buy.*

Pour en savoir plus ➡ page 171, pt 3.7

Your examiner may ask …
Tu as acheté des cadeaux récemment?
Est-ce que tu reçois assez d'argent de poche?
Fais-moi la description de ton uniforme scolaire idéal.
Tu es sorti(e) le week-end dernier?
Qu'est-ce que tu as porté?

> While you are thinking of an answer, you can say Eh bien, ... (Well,...), Mmmm, voyons ... (Let's see,...), or C'est une question intéressante ... (That's an interesting question...)

> Try to vary the types of sentence you use. Use these words to join your sentences:
> parce que   car   mais   et   donc
> qui   puis   ensuite   tandis que

 1 Prepare a detailed shopping list. Imagine you are going into town at the weekend and think of four shops you will visit. For each shop write a sentence saying:

- the shop's name
- what type of shop it is
- at least 3 things you are going to buy there
- why you are going to buy 1 of the items

Exemple:

> Ce week-end, je vais aller à 'Oh la vache!'. C'est une charcuterie. Sur ma liste, il y a 500 grammes de pâté, du jambon et une pizza. Je vais acheter une pizza parce que ma sœur adore la pizza.

 2 Write an account in 70–100 words of what you did when you won the Lottery.

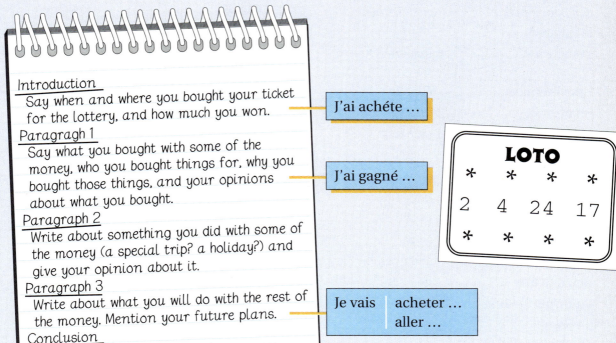

gagner au loto	to win the lottery
dépenser mon argent sur	to spend my money on
faire des économies	to save money
le reste de mon argent	the rest of my money
maintenant	now

Mots

Les magasins	**Shops**
l'alimentation (*f*)	*food*
la banque	*bank*
la boulangerie	*baker's*
la boutique	*shop*
le (bureau de) tabac	*tobacconist's*
la charcuterie	*pork butcher's*
la confiserie	*confectioner's*
l'épicerie (*f*)	*grocery shop*
l'hypermarché (*m*)	*hypermarket*
le grand magasin	*department store*
le marché	*market*
la parfumerie	*perfumery*
la pâtisserie	*cake shop*
la pharmacie	*chemist's*
le supermarché	*supermarket*
le rayon	*shelf*
le sous-sol	*basement*

Les vêtements	**Clothes**
un anorak	*jacket*
les baskets (*fpl*)	*trainers*
un blouson	*jacket*
une casquette	*cap*
un chapeau	*hat*
une chaussette	*sock*
une chaussure	*shoe*
une chemise	*shirt*
une cravate	*tie*
un imperméable	*raincoat*
un jean	*jeans*
un jogging	*track suit bottom*
une jupe	*skirt*
un maillot de bain	*swimsuit*
un manteau	*coat*
un pantalon	*trousers*
un pull(over)	*jumper*
un pyjama	*pyjamas*
une robe	*dress*
un sac	*bag*
un short	*shorts*
un sweat-shirt	*sweat shirt*
un T-shirt	*T-shirt*
une veste	*jacket*

Les quantités	**Quantities**
une boîte	*a tin/can*
une bouteille	*a bottle*
une douzaine	*dozen*
un gramme	*gram*
un kilo	*kilo*
un litre	*litre*
un paquet	*packet*
un pot	*a pot*
un sac	*a bag*

La nourriture	**Food**
une baguette	*French loaf*
une banane	*banana*
un biscuit	*biscuit*
les chips (*fpl*)	*crisps*
l'eau minérale	*mineral water*
le fromage	*cheese*
le jambon	*ham*
le jus d'orange	*orange juice*
le lait	*milk*
un œuf	*egg*
le pain	*bread*
le pâté	*pâté*
une pêche	*peach*
une pomme	*apple*
une pomme de terre	*potato*
un raisin	*grape*
une tomate	*tomato*
le vin	*wine*
le yaourt	*yogurt*
le coca	*coke*

Acheter des vêtements — *Buying clothes*
la caisse — *cash desk*
chercher — *to look for*
une couleur — *colour*
court(e) — *short*
étroit(e) — *tight*
il n'y en a pas — *we haven't got any*
large — *big*
long(ue) — *long*
à la mode — *fashionable*
une paire de — *a pair of*
il n'y a plus de — *there aren't any more*
la pointure — *(shoe) size*
prendre — *to take*
taille — *size*
trop — *too*
en coton — *cotton*
en cuir — *leather*
en laine — *wool*

À acheter — *Things to buy*
un appareil-photo — *camera*
un CD — *CD*
un cadeau — *present*
une carte — *card*
un magazine — *magazine*
un mouchoir — *handkerchief*
un parapluie — *umbrella*
un pique-nique — *picnic*
un roman — *novel*
un souvenir — *souvenir*
un jeu électronique — *video game*

L'argent — *Money*
l'argent de poche — *pocket money*
un billet de … € — *… € note*
assez de … — *enough*
un chèque de voyage — *traveller's cheque*
cher/chère — *expensive*
un euro — *Euro*
la livre sterling — *the pound sterling*
la monnaie — *change*
une offre — *offer*
une solde — *sale*
faire des économies — *to save money*
il me reste … — *I have … left*

Le shopping — *Shopping*
Et avec ça? — *Anything else?*
C'est tout — *That's all*
Voulez-vous autre chose? — *Would you like anything else?*
il n'y a plus de — *there are no more*
donnez-moi — *give me*

La poste — *The post office*
une boîte aux lettres — *letter box*
une cabine téléphonique — *phone booth*
une carte postale — *postcard*
envoyer — *to send*
une lettre — *letter*
un paquet — *parcel*
un timbre — *stamp*

À la cabine téléphonique — *Using a public phone*
attendez la tonalité — *wait for the tone*
composez le numéro — *dial the number*
décrochez — *pick up the receiver*
introduisez la télécarte — *put in the phonecard*
raccrochez — *hang up*
retirez — *take out*

En vacances

1a Complétez la phrase avec le bon pays. Ensuite faites correspondre les phrases avec les lettres sur la carte.
Complete the sentence with the right country. Then match the sentences with the letters on the map.

1. Rome est la capitale de l'▬▬▬.
2. Lisbonne est la capitale du ▬▬▬.
3. Berne est la capitale de la ▬▬▬.
4. Londres est la capitale de la ▬▬▬.
5. Athènes est la capitale de la ▬▬▬.
6. Paris est la capitale de la ▬▬▬.
7. Berlin est la capitale de l'▬▬▬.
8. Madrid est la capitale de l'▬▬▬.
9. La Haye est la capitale de la ▬▬▬.
10. Bruxelles est la capitale de la ▬▬▬.

l'Europe
la Grande-Bretagne
l'Allemagne
l'Espagne
la France
la Grèce
l'Italie
la Belgique
la Hollande
la Suisse
le Portugal
les États-Unis

1b À deux. Demández à votre partenaire où est-ce qu'ils passent leurs vacances.
In pairs. Ask your partner where they are spending their holidays.

Exemple:

● Où est-ce que tu passes tes vacances?
● Je passe mes vacances aux États-Unis.

Le détective

Countries
in + name of country = **en**
Exemple: en France
Exceptions: au Portugal, au Canada, au pays de Galles, aux États-Unis
in + name of town = **à**
Exemple: à Paris

Pour en savoir plus ➡ page 178, pt 8.3

Où est-ce que tu passes vos vacances?
Je passe mes vacances | en Espagne
au Portugal
aux États-Unis

1c Notez le pays qu'ils préfèrent. (1–8)
Note the country they prefer.

2 Identifiez le pays. *Identify the country.*

Exemple: 1 *e'Italie*

1. J'aime beaucoup la cuisine italienne.
2. Le chocolat suisse est vraiment délicieux!
3. La campagne française est très jolie.
4. Les voitures américaines sont énormes, tu sais!
5. Les restaurants grecs sont sympas.
6. Ce que j'aime bien, c'est les garçons allemands …
7. Le temps britannique est plutôt pénible.
8. On fait du vélo tous les jours: les routes hollandaises sont très plates, heureusement!

allemand
américain
belge
britannique
espagnol
français
grec
hollandais
italien
portugais
suisse

3a Regardez les images et écrivez le temps.
Look at the pictures and write down the weather.

Quel temps fait-il?
il fait beau
il fait mauvais
il fait chaud
il fait froid
il fait du vent
il fait du brouillard
il pleut
il neige

 3b Notez le pays et le temps. (1–8)
Note the country and the weather.

 3c À deux. Écrivez un temps pour chaque ville EN SECRET. Demandez à votre partenaire le temps pour chaque ville.
In pairs. Write down what the weather is like for each town in secret. Ask your partner what the weather is like in each town.

Exemple: ● À Calais, il pleut?
● Non.

4 Écrivez 2 ou 3 temps pour chaque saison.
Write down 2 or 3 kinds of weather for each season.

Exemple: En été, il fait beau, …

en été
en automne
en hiver
au printemps

 5 Écoutez la météo et prenez des notes pour chaque région.

Listen to the weather report and make notes for each area.

Exemple: Région parisienne, centre de la France – il va pleuvoir …

 6 À deux. À tour de rôle. Regardez la carte et présentez la météo!

la météo
il va faire beau
il fera beau
il va pleuvoir
il pleuvra
il va neiger
il neigera

quatre-vingt-treize **93**

1 L'année dernière ...

Saying what you did on holiday last year

Luc

L'année dernière, au mois d'août, j'ai passé mes vacances au bord de la mer. On est allé à Carnac, en Bretagne, où on a loué une maison. On y est resté pendant 15 jours. Il y avait un grand jardin.

J'y suis allé avec ma famille: mon père, ma mère et mes deux sœurs. Pendant la deuxième semaine, des amis de mes parents sont venus nous voir avec leur chien, Rococo. On a joué au foot ensemble.

On a fait plein d'activités. On est allé à la plage tous les jours pour se baigner, car il faisait du soleil et très chaud: 25 degrés. Un jour, j'ai appris à faire de la planche à voile, mais c'était très difficile.

On est allé au marché à Carnac où j'ai acheté des souvenirs, et on a vu les pierres levées. C'était impressionnant de voir ça.

Mes vacances étaient vraiment chouettes, et j'aimerais y retourner l'année prochaine, mais cette fois-ci, avec des copains, pas avec ma famille. Passer les vacances avec sa famille, c'est ennuyeux.

> Try not to jump to conclusions because you spot one familiar word. Read the words round about and try to work out what the whole sentence means.

1a Choisissez la bonne réponse à chaque question.

1 Luc, où est-ce qu'il a passé ses vacances l'été dernier?
   a en Belgique
   b en Grande-Bretagne
   c en France

2 Où est-ce qu'il est resté?
   a dans une auberge de jeunesse
   b dans un gîte loué
   c dans un camping

3 Pendant combien de temps est-ce qu'il est resté?
   a une semaine
   b deux semaines
   c un mois

4 Avec qui est-il parti en vacances?
   a ses copains
   b sa famille
   c ses grand-parents

5 Quel temps faisait-il?
   a il faisait beau
   b il faisait mauvais
   c il pleuvait tous les jours

6 Qu'est-ce qu'il a fait à la plage?
   a il a joué au foot
   b il a fait de la planche à voile
   c il a fait de la natation et de la planche à voile

7 Qu'est-ce qu'il n'a pas fait à Carnac?
   a il n'a pas fait d'achats
   b il n'a pas visité de site historique
   c il n'a pas fait de promenade en bateau

8 Quelle est son opinion sur ses vacances?
   a c'était barbant
   b c'était formidable
   c c'était ennuyeux

1b Copiez et complétez la grille en français. (1–6)

	où?	avec qui?	resté où?	combien de temps?	temps?	opinion?
1	Belgique	copains	gîte	une semaine	beau	super

2a Dites des phrases complètes.

1 D'habitude, **je passe** mes vacances avec ma , mais l'année dernière, **j'ai passé** mes vacances avec mes .

2 Normalement, (**aller**) , mais l'année dernière, (**aller**) .

3 D'habitude, (**louer**) , mais l'année dernière, (**faire**) .

4 Normalement, (**jouer**) , mais l'année dernière, (**jouer**) .

5 D'habitude, (**faire**) , mais l'année dernière, (**faire**) .

2b Écrivez un paragraphe sur vos vacances de l'année dernière.

Exemple: L'année dernière je suis allé(e) …

When you are speaking French, watch the way you say your verbs:

Present (normalement, d'habitude)
→ je reste (rhymes with **rest**)
→ je visite (sounds like **vee-zeet**)

Only in the **past tense** (l'année dernière) is there an **-ay** sound on the end of the verb.
→ je suis resté (sounds like **rest-ay**)
→ j'ai visité (sounds like **vee-zee-tay**)

Rappel

Two key holiday verbs take **être** in the perfect tense:

je suis allé(e) = I went

je suis resté(e) = I stayed

Le détective

Imperfect tense

The imperfect tense is used to describe what things were like in the past.

Exemple:
Il y avait un grand jardin
= *There was a big garden.*

Il faisait beau = *The weather was sunny.*
C'était très difficile = *It was very difficult.*

Learn these expressions off by heart:
c'était = *it was*
il y avait = *there was/were*
il faisait (+ weather) = *the weather was …*

Pour en savoir plus ➡ page 170, pt 3.4

2 Au syndicat d'initiative

Dealing with tourist information

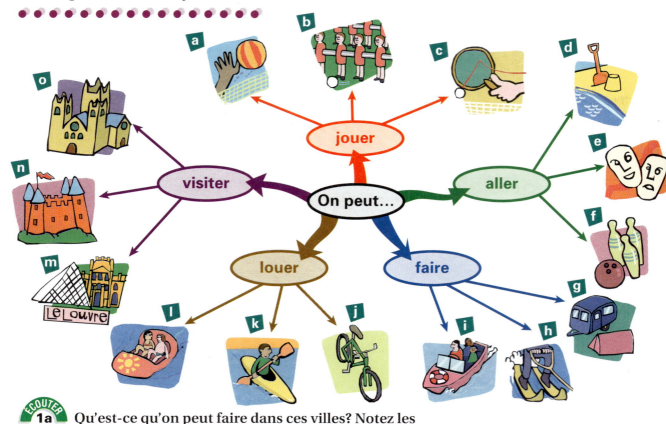

1a Qu'est-ce qu'on peut faire dans ces villes? Notez les bonnes lettres. (1–5)

1b Écrivez une phrase complète pour dix images.

Exemple: **a** *On peut jouer au volley.*

2a Écoutez la conversation au syndicat d'initiative, et remplissez les blancs.

une carte
bonnes vacances
une liste de restaurants
un plan de la ville
une liste des distractions
un dépliant
une liste d'hôtels

Touriste: Bonjour, madame. Je voudrais **a**, s'il vous plaît.
Employée: Oui, voilà. C'est gratuit. Je vous donne **b** sur notre ville, aussi, et **c** de la région.
Touriste: Avez-vous **d**, madame?
Employée: Oui, voilà. Il y a **e** là-dedans aussi.
Touriste: Merci beaucoup, madame. Qu'est-ce qu'on peut faire ici?
Employée: Il y a **f** dans cette brochure.
Touriste: Est-ce qu'on peut jouer au golf?
Employée: Oui, il y a un terrain de golf à 5 kilomètres, **g**!

À deux. En français:

 A
- Bonjour, vous désirez?
- Voilà, c'est tout?
- Bien sûr, je vais vous montrer sur le plan
- De rien

 B
- Ask for a town plan; a list of restaurants; a brochure
- Say no, then ask if you can ; ;
- Say thank you

Bienvenue à Royan: La Perle de l'Océan

Visitez Royan en Charente-Maritime, station balnéaire sur la côte Atlantique qui attire chaque été des milliers de vacanciers.

Histoire de Royan

Au début du Moyen Âge, Royan était un petit port de pêche qui bordait l'estuaire de la Gironde.

Au XIXè siècle, Royan attirait de plus en plus de monde, surtout quand le chemin de fer a réduit le voyage entre Paris et Royan à quelques heures. Personnalités et artistes parisiens ont rendu la ville à la mode, et les casinos se sont multipliés.

En 1944, les bombardements alliés ont ruiné la ville. Sa reconstruction, sur des bases modernistes, lui a donné une nouvelle vie. Et aujourd'hui, Royan est la capitale de la Côte de Beauté.

À voir, à visiter...

Musée de Royan – Hôtel de Ville. Visites: *mardi–vendredi de 14h à 18h*
Centre Marin – Place Foch. Ouverture: *toute l'année sauf dimanche et jours fériés*
Le zoo de la Palmyre – 6 avenue de Royan, La Palmyre. *Ouvert du 1/4 au 30/9 de 9h à 19h.*

Sports et Loisirs

Il existe beaucoup de possibilités sportives pour ceux qui passent leurs vacances à Royan, y compris tennis, squash, piscines, golf, équitation, plongée, parachutisme et aviation, et planche à voile (location d'équipement sur place).

 Copiez et changez les mots soulignés pour corriger les erreurs.

Royan se trouve <u>à la montagne</u> en <u>Normandie</u>. Au début du <u>16ème</u> siècle, Royan était un <u>grand</u> port de pêche, mais puis la ville est devenue célèbre comme <u>station de ski</u>.
Au 19ème siècle, Royan est devenu très populaire chez les <u>acteurs</u> parisiens car la ville était à quelques <u>minutes</u> de Paris en <u>autobus</u>.
En <u>1844</u>, Royan a été détruite par les bombardements <u>allemands</u>, mais la ville a été reconstruite d'une façon <u>ancienne</u>. Royan est maintenant la capitale de la Cote <u>d'Azur</u>.

 Écoutez les questions de ces touristes à Royan. Répondez Oui ou Non. (1–8)

3 À l'hôtel

Booking in at a hôtel

1 Notez les détails pour chaque conversation. (1–4)

a La sorte de chambre
- une chambre pour une personne
- une chambre double
- une chambre pour deux personnes avec deux petits lits
- une chambre de famille

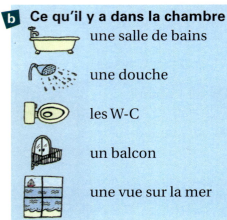

b Ce qu'il y a dans la chambre
- une salle de bains
- une douche
- les W-C
- un balcon
- une vue sur la mer

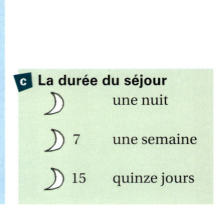

c La durée du séjour
- une nuit
- 7 une semaine
- 15 quinze jours

d Ce qu'ils veulent à l'hôtel

un restaurant   un parking   un ascenseur   une piscine

2a Lisez la lettre de Janet. Qu'est-ce qu'elle veut réserver?

Monsieur,

Je vous écris pour réserver des chambres dans votre hôtel.

Je voudrais réserver deux chambres: une chambre double pour deux personnes avec un grand lit et salle de bains, et une chambre pour deux personnes avec deux petits lits et une douche. Nous voudrions rester pour deux nuits, du 29 au 31 juillet.

Est-ce qu'il y a un restaurant à l'hôtel?

Voudriez-vous bien confirmer ma réservation, s'il vous plaît. Nous espérons arriver à l'hôtel vers 20h, le 29 juillet.

Je vous prie d'agréer, monsieur, l'expression de mes sentiments distingués.

Janet Crook

2b Écrivez deux lettres en utilisant la lettre de Janet.

quatre-vingt-dix-huit

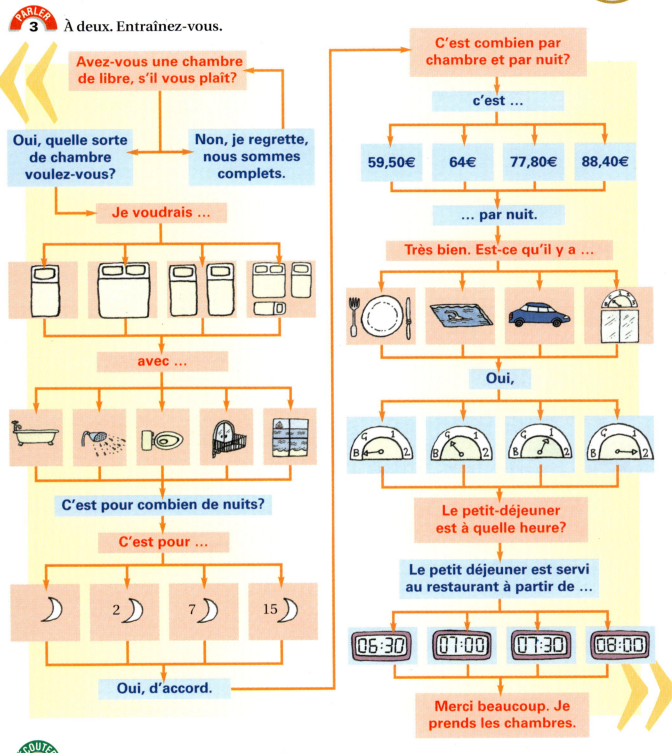

1 You are at a hotel, booking accommodation.

A
- Oui, monsieur/mademoiselle, je peux vous aider?
- D'accord
- Oui, et vous voulez rester combien de nuits?
- Pas de problème
- De rien

B
- Say you would like a room with:
- Say you would also like a bathroom
- Say you want to stay for 2; 4; 7 nights
- Say thank you

2 You are at the tourist information office in a French town.

A
- Je peux vous aider?
- Voilà
- Non, je regrette
- La rivière est jolie. Vous avez déjà visité la France?
- Très bien

B
- Ask for one of these things: a brochure; a map; a town plan
- Ask if there is an ice-rink
- Ask where you can go for a walk
- !

3 Talk for 1 minute on your favourite kind of holiday. Make yourself a cue card.

Expliquez où vous préférez aller: au bord de la mer? À l'étranger? En ...?
Dites avec qui et quand vous préférez partir.
Avec vos copains? En ...?
Dites où vous préférez rester, et pourquoi.
Dans un appartement parce que ...
Parlez des activités que vous aimez faire en vacances, ex. 'J'aime aller à la plage, ... ,
Parlez du temps que vous préférez.

Holidays is an ideal topic to practise past, present and future tenses so listen carefully to your teacher's questions, and try to answer with the correct form of the verbs.

Your examiner may ask ...
Qu'est-ce que tu fais pendant les vacances?
Tu as visité la France? Parle-moi de ton séjour.
Qu'est-ce que tu fais normalement pendant les vacances de Pâques?

1 Write a postcard from your holidays. Imagine you are there now.

Say where you are, and how long for.
Say where you are staying, and what it is like.
Say what the weather is like.
Say some of the things you have been doing: Sports? Visiting places? Eating out?, etc.
Mention some of the souvenirs you have bought and who they are for.
Say what you think of your holiday so far (great? boring?).
Sign off

2 Write a description in 70–100 words of your holiday last year. You can base your account on photos or on a brochure of a region in France. Use your imagination and remember, you do not have to tell the truth!

Introduction
  Say where you went, and describe the town/village and its location.
  (Look back at Module 5 for help. If you have a brochure about where you went, include some pictures from this.)
Paragraph 1
  Say where you stayed. Say why you like this sort of accommodation.
  (Be careful about your perfect tense verbs and include some phrases to express your opinion.)

Paragraph 2
  Say who you went with and how long you stayed.
  Give opinions: do you like going with parents/friends/etc? Why (not)?
Paragraph 3
  Describe what you did on holiday. (Your verbs should be in the perfect tense. Use what you have learned in this module and Module 3.)
Paragraph 4
  Say if you would like to go back to that place again, and why or why not.
  (Remember to use je voudrais + infinitive)
Conclusion
  Say where you are going to go for your holidays next year, who with, for how long and what you will do. Use the future tense, see page 171.

confortable	*comfy*
pratique	*practical*

Use these words to start some of your sentences:
d'abord   après   finalement
souvent   quelquefois   de temps en temps
cependant   pourtant

l'année prochaine	*next year*
j'espère + *infinitive*	*I hope to*

cent un 101

Mots

Les pays	*Countries*	il fait du vent	*it is windy*
l'Allemagne (f)	*Germany*	il pleut	*it is raining*
l'Amérique (f)	*America*	il pleuvra	*it will rain*
la Belgique	*Belgium*	il neige	*it is snowing*
le Canada	*Canada*	il neigera	*it will snow*
l'Espagne	*Spain*	un degré	*degree*
les États-Unis	*United States*	ensoleillé(e)	*sunny*
la France	*France*	fort(e)	*strong*
la Grande-Bretagne	*Great Britain*	la météo	*weather report*
la Grèce	*Greece*	une nuage	*cloud*
la Hollande	*Holland*	la pluie	*rain*
l'Irlande	*Ireland*	pluvieux(pluvieuse)	*rainy*
l'Italie (f)	*Italy*	les prévisions (f)	*weather forecast*
le Portugal	*Portugal*	le soleil	*sun*
la Suisse	*Switzerland*	la température	*temperature*

Les nationalités	*Nationalities*	**Les saisons**	*The seasons*
allemand(e)	*German*	en automne	*in autumn*
américain(e)	*American*	en hiver	*in winter*
belge	*Belgian*	au printemps	*in spring*
britannique	*British*	en été	*in summer*
Canadien(ne)	*Canadian*	**Le logement**	*Accommodation*
espagnol(e)	*Spanish*	une auberge de jeunesse	*youth hostel*
français(e)	*French*		
grec(que)	*Greek*	une caravane	*caravan*
hollandais(e)	*Dutch*	un gîte	*gite*
irlandais(e)	*Irish*	un hôtel	*hotel*
italien(ne)	*Italian*	une maison	*house*
portugais(e)	*Portugese*	une tente	*tent*
suisse	*Swiss*	faire du camping	*to go camping*

Le temps	*The weather*	**Combien de temps?**	*How long?*
il fait beau	*it is sunny*	un jour	*day*
il fera beau	*it will be sunny*	quinze jours	*fortnight*
il y a du brouillard	*it is foggy*	un mois	*month*
il fait chaud	*it is hot*	une nuit	*night*
il fait froid	*it is cold*	une semaine	*week*
il fait mauvais	*it is bad weather*	les grandes vacances	*summer holidays*

Des verbes utiles	*Useful verbs*
se baigner	*to bathe*
louer	*to let*
partir	*to leave*
passer	*to spend*
rentrer	*to go back home*
rester	*to stay*

À l'hôtel — *At the hotel*

accepter une chambre	*to take a room*
le balcon	*balcony*
le bar	*bar*
une chambre de libre	*free room*
une chambre de famille	*family room*
une chambre pour une personne	*a single room*
une chambre pour deux personnes	*a twin room*
la clé	*key*
complet(e)	*full*
double	*double*
une douche	*shower*
garer	*to park*
le parking	*parking*
un grand lit	*double bed*
un petit lit	*single bed*
la pension complète	*full board*
pour une personne	*single*
pour deux personnes	*double*
le rez-de-chaussée	*ground floor*
la salle de bains	*bathroom*
la télévision	*television*
une vue sur la mer	*sea view*
les W-C	*WC*
à partir de …	*from …*
du … au …	*from … until …*
par nuit	*per night*

Les lettres — *Letters*

arriver	*to arrive*
confirmer	*to confirm*
Madame/Mademoiselle	*Dear Madam*
Monsieur	*Dear Sir*
réserver	*to reserve*
Je vous prie d'agréer l'expression de mes sentiments distingués	*yours sincerely*
amicalement	*with best wishes*

Au syndicat d'initiative — *At the tourist office*

une brochure	*brochure*
un dépliant	*leaflet*
une carte	*map*
un plan de la ville	*town plan*
gratuit	*free of charge*

Activités — *Activities*

jouer au ping-pong	*to play table tennis*
aller à la plage	*to go to the beach*
jouer au babyfoot	*to play table football*
faire du ski nautique	*to water ski*
un canoë-kayak	*canoe*
un pédalo	*pedalo*
visiter la cathédrale	*to visit the cathedral*

cent trois

Déjà vu

Bienvenue en France!

 1 Faites correspondre les bulles et les images, puis mettez les bulles dans le bon ordre. (1–7)
Match each speech bubble with the right picture, then put the bubbles in the right order.

a As-tu faim?
b As-tu soif?
c Entre, et assieds-toi! Es-tu fatiguée?
d Voici ta chambre. Bonne nuit!
e As-tu besoin d'une serviette, de savon ou de dentifrice?
f Bonjour, et bienvenue en France!
g Je te présente ma mère, Cathérine, et mon père, René.

2a Trouvez l'expression qui correspond.
Find the matching expression.

Good luck!
Have a nice holiday!
Happy New Year!
Enjoy your stay!
Good evening!
Have a good weekend!
Have a good trip!
Have a nice day!
Happy birthday!
Happy Saint's Day! *

Bonsoir!
Bon anniversaire!
Bonne fête!
Bon week-end!
Bon voyage!
Bonne année!
Bonne chance!
Bon séjour!
Bonnes vacances!
Bonne journée!

* Many common first names have a Saint's Day linked with them. On this day, French children may receive a card and presents, and be told 'Bonne fête!'
Exemple: la Saint Nicolas = le 6 décembre

2b ÉCOUTER — C'est quelle image? (1–6)
Which picture is it?

Exemple: 1–e

3a ÉCOUTER — C'est quel appartement? (1–5)
Which flat is it?

APPARTEMENTS À LOUER

44, rue de la Paix – cuisine, salon, 2 chambres, salle de bains

2, avenue Clemenceau – cuisine, salle de séjour, salle à manger, 3 chambres, salle de bains

16, rue du Stade – cuisine, salon, 3 chambres, salle de bains

15, boulevard de l'Abbaye – cuisine, salle de séjour, W-C, 3 chambres, salle de bains

3, place du 11 novembre - cuisine, salon, salle à manger, W-C, 4 chambres, 2 salles de bains

---

une pièce
le salon
la salle de séjour
la salle à manger
la salle de bains
la chambre
la cuisine
les W-C

3b LIRE — Complétez les blancs dans cette lettre. Choisissez les mots dans la case.
Fill in the blanks in this letter with one of the words from the box.

une	salle	pièces	Lyon
maison	numéro	manger	
premier	bonjour	trois	

_____ , j'habite à _____ dans une petite _____ . Mon adresse, c'est _____ 53, rue de la Poste. Dans ma maison, il y a sept _____ . Au rez-de-chaussée il y a un salon, une salle à _____ , et _____ cuisine. Au _____ étage, il y a _____ chambres et la _____ de bains.

Sam

cent cinq 105

Déjà vu

3c À deux. En français:
In pairs. In French:

A
- Tu habites dans une maison ou dans un appartement?
- Il y a combien de pièces?
- Quel est ton adresse?
- Comment s'écrit le nom de ta ville?

B

- Say 4; 8; ?
- P ..A ..U ..; L ..I ..L ..L ..E ..; ?

3d Complétez le texte pour là où vous habitez.
Complete the text for where you live.

Bonjour, j'habite à … dans une maison/un appartement/ …
Mon adresse, c'est …
Dans ma maison, il y a … pièces. Au … il y a …

4a À deux. Regardez le menu à la page 107 et commandez à tour de rôle.
In pairs. Look at the menu on page 107 and take it in turns to order.

Exemple: **1** *Je voudrais un thé et une pizza.*

4b À deux. Pour chaque commande ci-dessus préparez l'addition en Euros.
For each order above prepare the bill in Euros.

Exemple: **1**

Le Gourmand

un thé	3,05 €
une pizza	5,20 €
total	8,25 €

Merci!

Le Gourmand

un café	2,10€
un thé	3,05€
un orangina	2,50€
un sandwich au jambon	4,60€
un croque-monsieur	4,10€
des frites	3,50€
un café-crème	3,40€
un coca	2,50€
une limonade	2,10€
un sandwich au fromage	4,50€
une pizza	5,20€
une crêpe	3,90€
un chocolat chaud	3,40€
un jus de fruit	3,05€
une eau minérale	2,50€
une omelette	3,90€
une glace	3,70€

4c Regardez le menu et préparez l'addition pour chaque personne. (1–5)
Prepare the bill for each person and calculate the total price paid.

Exemple: 1

> While the tape is playing, listen out for and note the items. Afterwards, use the gaps between playings to work out the prices from the menu.

Le Gourmand

2 cocas	2,50 €
	2,50 €
1 pizza	5,20 €
1 omelette	3,90 €
total	14,10 €

Merci!

cent sept 107

1 Voici ma maison

Describing a house and its rooms

1a Corrigez les erreurs dans ces phrases.

a Émilie fait un échange en Angleterre chez Sarah.
b Elle est logée dans une grande maison où il y a deux étages, et 8 pièces.
c La salle de séjour est en haut, et les chambres sont en bas.
d Il y a 3 chambres, et Émilie partage une chambre avec Madame Hill.
e Il n'y a pas de moquette dans la maison.
f Il y a une grande cave, et un lave-vaisselle.
g Il y a un jardin devant la maison.
h On prend le dîner dans le jardin parce qu'il fait chaud le soir.

Chère maman, cher papa,

Ici en Angleterre ça va bien, et ma correspondante, Lindsay, est très gentille.
 Je vous envoie une photo de sa maison. C'est une maison moyenne qui se trouve dans une rue tranquille près du centre-ville. C'est une maison jumelée à deux étages. Il y a huit pièces: en bas, il y a le salon, la salle à manger et la cuisine. Il y a un petit bureau à côté de la cuisine, et des W-C aussi. En haut, il y a la salle de bains, et les chambres. Il y a trois chambres: la chambre de Madame Hill, la chambre de Lindsay, et la chambre de Graham, son frère. Moi, je partage une chambre avec Lindsay, et on s'amuse bien.
 Ce qui est bizarre, c'est qu'il y a de la moquette partout dans la maison, même dans l'entrée et dans l'escalier! Mais il n'y a pas de cave ni de lave-vaisselle. Je dois aider à faire la vaisselle à la main ...
 Il y a un joli jardin derrière la maison, où il y a une pelouse, des fleurs et un grand arbre. Mais on n'y mange pas, parce qu'il fait trop froid le soir pour manger dehors. Il y a un garage aussi.
 Vous voyez, j'ai de la chance! Je suis très contente!

Grosses bises, Émilie

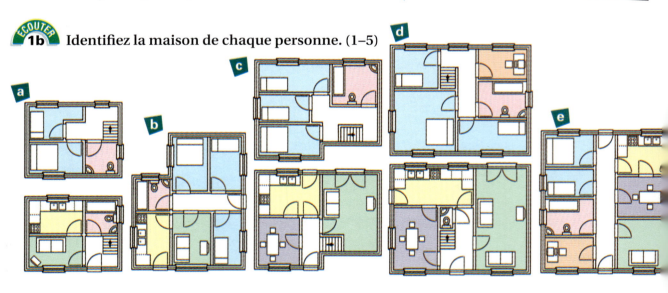

1b Identifiez la maison de chaque personne. (1–5)

1c À deux. Faites la description d'une de ces maisons. Votre partenaire doit trouver la bonne maison.

*Il y a ... étages.
En haut, il y a ... .
En bas, il y a ... .*

2a Lisez la lettre d'Émilie et identifiez les choses dans la chambre.

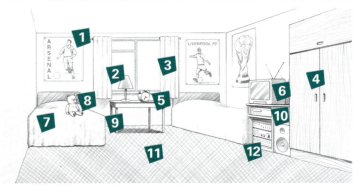

La chambre de Lindsay est très chouette. La moquette est bleue et les rideaux sont roses et blancs. Dans sa chambre il y a deux lits, une armoire, et une petite table en bois. Sur sa table il y a une lampe et son réveil. Il y a plein de posters de joueurs de foot aux murs, parce qu'elle adore ce sport. On peut regarder des vidéos et écouter de la musique dans sa chambre, parce qu'elle a sa propre télé, un magnétoscope et une chaîne hi-fi! Sur son lit il y a un ours en peluche qui est très mignon.

Émilie

2b Émilie fait une description de sa propre chambre. Remplissez les blancs avec **mon, ma** ou **mes**.

_____ chambre est plus petite que celle de Lindsay. _____ rideaux sont beiges et _____ moquette est verte. _____ armoire est dans le coin, à côté de _____ chaîne hifi. Sur _____ lit il y a _____ chien en peluche, et souvent _____ vêtements sont sur _____ lit aussi! _____ petite lampe verte est sur _____ table en bois. J'ai _____ propre chambre, et j'aime bien avoir une chambre à moi.

2c Écoutez la description d'Émilie pour voir si vous avez raison.

3 Cherchez l'intrus dans chaque liste à droite.

4a Identifiez et notez la pièce en français. (1–5)

4b Préparez une liste de tous les meubles dans trois pièces dans votre maison. Utilisez un dictionnaire. Notez les meubles avec un/une.

a
un lit
une armoire
un lave-vaisselle
un poster

b
un four à micro-ondes
un frigo
un placard
une machine à laver

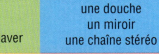
c
un lavabo
une douche
un miroir
une chaîne stéréo

d
une fenêtre
un mur
une porte
un réveil

e
une cuisinière à gaz
un canapé
un fauteuil
une chaise

1 Look up the word in the English side of the dictionary (**Exemple**: desk).
2 Read through the whole definition to make sure you find the right word
Exemple:

desk |desk| *n. (for pupil)* pupitre m; *(for teacher)* bureau m; *(in office, home)* bureau m.

3 List the word with un or une in front of it (**Exemple**: un bureau) (because m = masc).

cent neuf 109

2 La télé

Talking about TV and films

1a Faites une liste de toutes les sortes d'émissions mentionées dans le texte. Trouvez un exemple de chaque sorte d'émission.

Exemple: les émissions de musique = Top of the Pops

1b Répondez à ces questions en français.

1. Éloïse, qu'est-ce qu'elle va regarder ce soir? (1)
2. Quelles sortes d'émission est-ce qu'Éloïse préfère? (2)
3. Qu'est-ce qu'elle pense de la publicité? (1)
4. Quelles sortes de films est-ce que Paul préfère? (3)
5. Quelle est son émission préférée, et c'est quelle sorte d'émission? (2)
6. Pourquoi est-ce qu'il n'aime pas regarder le journal? (1)
7. Quand est-ce que Geneviève regarde les infos? (1)
8. Quelle sorte de film est-ce qu'elle préfère? (1)
9. Quelle sorte d'émission est-ce qu'elle n'aime pas? (1)
10. Pourquoi est-ce qu'elle préfère la radio? (1)
11. Quelle est l'émission préférée d'Auguste, et c'est quelle sorte d'émission? (2)
12. Quand est-ce qu'il va voir son émission préférée? (2)
13. Quelles sortes d'émission est-ce qu'il n'aime pas? (2)
14. 'Qui Veut Gagner Des Millions?', c'est quel jeu télévisé en anglais? (1)

Qu'est-ce qu'on va regarder ce soir?

Eloïse Ce soir, je vais regarder 'M comme Musique' car j'adore les émissions de musique. J'aime aussi les documentaires sur la nature, parce que j'aime beaucoup les animaux. La publicité, moi, je trouve ça bête.

Paul J'adore les dessins animés et les films policiers. J'aime aussi les films d'horreur et de science-fiction. Ce soir, je vais regarder mon émission préférée, 'Les Simpson', parce que ça me fait rire. Mais je ne vais pas regarder les informations: ça, c'est barbant.

Geneviève Dubois Comme tous les soirs, je vais regarder le journal, et peut-être un film, parce que j'aime les films d'amour. Mon film favori est 'Titanic', parce que je pense que les acteurs sont formidables. Je trouve qu'il y a trop de séries américaines et anglaises à la télévision française, et je déteste cette sorte d'émission. À vrai dire, je préfère écouter la radio, parce que j'aime beaucoup la musique classique.

Auguste Dubois Je ne vais pas regarder la télé ce soir, car je préfère les émissions de sport, et il n'y en a pas ce soir. Je verrai mon émission préférée, 'Sport matin', demain à 10 heures. Je n'aime pas les jeux télévisés, 'Qui Veut Gagner Des Millions?' par exemple. Je les trouve ennuyeux. Je n'aime pas non plus les feuilletons.

Questions like this are usually in the right order for the text. If you come to one you don't know, leave it out and come back to it at the end. You will get more done in the time set.

1c Copiez et complétez la grille en français. (1–5)

	aime	n'aime pas	émission préférée	raison
1	les séries	les informations	Beverley Hills	très amusant

1d Sondage. Préparez une grille 6 × 6. Écrivez 5 sortes d'émissions de télé en haut. Interviewez 5 personnes pour trouver leurs préférences.

Exemple:

Tu aimes les dessins animés?

Oui, je les aime.

Non, je les déteste.

Non, je ne les aime pas.

Oui, je les adore.

Le détective

Object pronouns
Tu aimes **les films**? = Do you like **films**?
Oui, je **les** aime = Yes, I like **them**.

Pour en savoir plus ➡ page 177, pt 7.2

2a Identifiez l'émission de télé britannique.

a C'est une série policière, qui a lieu à Glasgow. Il s'agit d'un détective et ses collègues. Ils se livrent à des investigations sur des crimes souvent violents. L'acteur qui en était la vedette est mort.

b C'est une émission pour les jeunes, qui a lieu dans un collège à Londres. Il s'agit de la vie scolaire, et des vies personnelles des élèves et des profs.

c C'est un dessin animé très populaire. Il s'agit d'une famille américaine. Le père adore manger, la mère a des cheveux très bizarres, le fils est très vilain, la fille joue du saxophone et le bébé suce sa tétine.

d C'est un feuilleton qui existe depuis plus de 40 ans. Il s'agit de la vie des habitants d'une rue dans le nord de l'Angleterre. C'est un programme qui est amusant mais qui peut être aussi tragique.

e C'est un jeu télévisé, où on peut gagner beaucoup d'argent, jusqu'à un million de livres sterling. Le présentateur crée beaucoup de tension pendant le jeu.

f C'est une émission de sport qu'on peut voir le samedi après-midi. On y voit des matchs de rugby, des courses de chevaux, des concours d'athlétisme, et les résultats des matchs de foot joués ce jour-là.

2b Identifiez le film. (1–5)

a **STAR TREK**
b *Roméo et Juliette*
c **Les DENTS de la MER**
d **POLICE ACADÉMIE 7**
e **Dracula**

2c En groupes. Une personne fait une description d'une émission de télé célèbre, ou d'un film. Le groupe identifie l'émission ou le film.

C'est un(e) ____ qui a lieu ____ . Il s'agit de ____ .

Make your description of what the film/show is about very simple.
Exemple: Il s'agit d'une famille et ses problèmes.
Il s'agit d'un agent de police.

2d Écrivez une description de:
1 votre émission de télé préférée.
2 votre film favori.

Mon émission de télé préférée/film préféré s'appelle …			
C'est un(e)	film feuilleton film policier	qui a lieu	dans une ville à New York	en Australie en Amérique
Il s'agit de …			
J'aime	cette émission ce film	parce que	c'est passionnant ça me fait rire

3 On sort manger

Going out to a restaurant

Au restaurant
Bonjour, j'ai réservé une table pour 5 personnes, au nom de Dubois.
Ah oui monsieur, entrez. Voici votre table, asseyez-vous. Voici la carte.
(quelques minutes plus tard)
Vous avez choisi?
Oui, on voudrait le menu à 12€, s'il vous plaît.
D'accord. Et qu'est-ce que vous voulez commander?

Restaurant des Jongleurs

MENU à prix fixe   12€

HORS D'ŒUVRES
Assiette de saucisson sec
Crudités
Fruits de mer

PLATS PRINCIPAUX
Plat du jour
Poulet rôti et haricots verts
Bœuf bourguignon au riz

DESSERTS
Glace
Mousse au chocolat
Pâtisserie maison

BOISSONS
Carafe de vin blanc/rouge .... 5,50€
Eau minérale .... 2,50€
Bière .... 2,80€

Service et boissons non compris

1a Regardez le menu et notez la commande de chaque personne en français. (1–5)

1b Commandez un repas complet du menu à 12€.

Comme hors d'œuvre, je voudrais ...
Comme plat principal, je voudrais ...
Comme dessert, je voudrais ...
Et comme boisson, je voudrais ...

2 Quel est le plat du jour? (1–6)

3a Faites correspondre la question et la bonne réponse.

1 Quel est le plat du jour?
2 C'est quoi exactement?
3 Avez-vous des frites?
4 On peut avoir encore du pain, s'il vous plaît?
5 Où est le téléphone?
6 Je peux avoir l'addition, s'il vous plaît?

a Oui, mais nos pommes de terre à la vapeur sont très bonnes, vous savez.
b Oui, avez-vous bien mangé?
c Aujourd'hui, c'est de la ratatouille.
d Bien sûr, je vais vous en chercher.
e C'est au sous-sol, près de la sortie.
f C'est une sorte de ragoût de légumes. Il y a des tomates, des courgettes et des aubergines dedans.

3b À deux. En français:

A
- Je peux vous aider?
- Voilà … Vous avez choisi?
- Voulez-vous autre chose?
- Certainement

B
- Ask if you can see the menu
- Order a starter, a main course and a dessert
- Say you would also like some water
- Ask for the bill

4a Identifiez le problème. (1–7)

1 Je n'ai pas de fourchette.
2 Ma cuillère est sale.
3 L'addition n'est pas juste.
4 Mon potage est froid.
5 Ce couteau n'est pas propre.
6 On n'a ni sel ni poivre sur cette table.
7 Je n'ai pas de verre.

4b Complétez les phrases pour chaque conversation au restaurant.

1 Elle a réservé ▰.
  Elle n'est pas contente parce que ▰.
2 Il a commandé ▰.
  Il n'est pas content parce que ▰.
3 Elle a commandé ▰.
  Elle n'a pas de ▰.
4 Il a demandé ▰.
  Il n'est pas content parce que ▰.

5 En groupe. Préparez un sketch en français qui s'appelle 'Au Restaurant'. Présentez le sketch à la classe, ou enregistrez-le.

1 You go into a restaurant with your family.

A
- Je peux vous aider?
- Oui, asseyez-vous ici
- Voilà. … Vous avez choisi?
- Certainement
- De rien

B
- Say you'd like a table for 3; 4; 6 people
- Ask if you can see the menu
- Order chicken; fish; an omelette
- Say thank you

2 Your French penfriend has just arrived to stay with you.

A
- Ah, enfin arrivé!
- Oui, un peu

- Chouette. Tu as une chambre à toi?
- Ah bon
- Oui, je veux bien

B
- Ask if he/she is tired
- Say that his/her bedroom is upstairs next to the bathroom
- !
- Ask if he/she needs any of these things: soap; toothpaste; towel

3 Talk about your room for 1 minute. Make yourself a cue card.

J'ai une chambre à moi/Je partage ma chambre avec …
Ma chambre est …
Mes rideaux sont (bleus …) et ma moquette est (beige …)
Dans ma chambre il y a … (+ à côté de/en face de/sur)
Aux murs il y a mes posters de …
J'aime ma chambre/je n'aime pas ma chambre parce que …
Dans ma chambre, je (regarde la télé/fais mes devoirs …)
Hier soir, dans ma chambre, j'ai …
Dans ma chambre idéale, il y a (un sauna privé/un matelas d'eau …)

Your examiner may ask …
Est-ce que tu as une chambre à toi?
Qu'est-ce que tu fais dans ta chambre?
Tu es allé au cinéma récemment? Pour voir quel film? C'était comment?
Fais-moi la description de ton repas préféré au restaurant.
Tu es allé(e) dans un restaurant français?

> You can prepare very well in advance for the oral exam. Decide now on what some of your answers are going to be, and practise them!
> - How many rooms are there in your house?
> - What favourite programme are you going to describe?
> - What three-course restaurant meal can you describe in French?

 1 Produce a labelled plan or photo of your/a house along with a description, in French. Include a description of your bedroom and your garden (real or imagined). Use the Déja vu section and the first unit of this module for help.

dans	*in*
devant	*in front of*
derrière	*behind*
à côté de	*next to*
en face de	*opposite*
sur	*on*
sous	*under*

 2 Write an informal letter in 70–100 words, describing your favourite types of film or TV programmes.

Introduction
Start your letter with a polite phrase or two. Say how much TV you watch, and how often you go to the cinema.

Paragraph 1
Say what sorts of TV programme you like, and what sorts you don't like. Give a description of your favourite programme, and say why you like it.

Paragraph 2
Say what kind of films you like and dislike, and describe the plot of your favourite film.

Paragraph 3
Describe a recent visit to the cinema: when you went, who you went with, how you travelled, what film you saw, what the film was like.

Paragraph 4
Say what you are going to watch on TV at the weekend, and why.

Conclusion
Finish off your letter as suggested in the box.

Follow this advice whenever you are writing an informal letter in French:
1 *Put the name of the town you are writing from, a comma, then the date, in the far right hand corner of your page, all on one line.*
   Exemple: Plymouth, le 27 décembre
2 *In the middle of the next line, or on the left, write:*
   Cher (+ male name)
   Chère (+ female name)
3 *Start your letter with an opening phrase or two.*
   Exemple: Bonjour! Ça va? Moi, ça va bien.
   Merci beaucoup pour ta gentille lettre.
   Comment vas-tu? Je vais très bien.
   Salut! Comment ça va?
4 *If you are writing for a specific reason, you could start with:*
   Je t'écris parce que …
      I am writing to you because…
5 *Salutations:*
   je t'embrasse *love from*
   grosses bises *love from*
   amitiés *very best wishes*
   amicalement *regards*

Mots

Les invités / Guests

avoir besoin de	to need
avoir faim/soif	to be hungry/thirsty
avoir soif	to be thirsty
bienvenue	welcome
bon anniversaire	happy birthday
bon voyage	have a good journey
bonne année	happy new year
bonne chance	good luck
bonne fête	happy Saint's day
bonne journée	have a good day
bonne nuit	good night
bon séjour	enjoy your stay
bonnes vacances	have a good holiday
bon week-end	good weekend
bonsoir	good evening
le dentifrice	toothpaste
fatigué(e)	tired
présenter	to introduce
le savon	soap
une serviette	towel
merci de votre hospitalité	thank you for your hospitality

À la maison / Homes

un appartement	flat
la fenêtre	window
une fleur	flower
un immeuble	block of flats
le jardin	garden
le mur	wall
neuf (neuve)	brand new
la pelouse	lawn
la porte	door

Les pièces / Rooms

la cave	cellar
la chambre	bedroom
la cuisine	kitchen
une entrée	hall
un escalier	staircase
partager	to share
la pièce	room
la salle à manger	dining room
la salle de bains	bathroom
la salle de séjour	living room
le salon	drawing room

Les meubles / Furniture

une armoire	wardrobe
en bois	wooden
un canapé	sofa
une chaîne hi-fi	hi-fi system
une chaise	chair
la cuisinière à gaz	gas cooker
un fauteuil	armchair
le four à micro-ondes	microwave oven
le frigo	fridge
une chaîne hi-fi	hi-fi system
une lampe	lamp
le lavabo	basin
le lave-vaisselle	dishwasher
un lit	bed
la machine à laver	washing machine
un miroir	mirror
la moquette	carpet
un placard	cupboard
un poster	poster
une radio	radio
un réveil	alarm clock
un rideau	curtain
une table	table

C'est où? / Where is it?

en bas	downstairs
en haut	upstairs

Les émissions de télévision / TV programmes

un dessin animé	cartoon
un documentaire	documentary
un feuilleton	soap

les informations (f)	news	**La carte**	*The menu*
un jeu télévisé	game show	le bœuf	beef
un journal	news bulletin	une boisson	drink
la publicité	advertising	une crêpe	crêpe/pancake
une série	series	un croque-monsieur	cheese/ham on toast
une vedette	star	les crudités (fpl)	raw vegetable salad
il s'agit de …	it is about …	le dessert	dessert
ça me fait rire	it makes me laugh	les frites (fpl)	chips
avoir lieu à …	to take place in …	les fruits de mer	seafood
		une glace (maison)	ice-cream (house speciality)
Les films	*Types of film*	le hors-d'œuvre	starter
un film comique	comedy	les haricots verts (mpl)	green beans
un film d'horreur	horror film	le menu à 12€	12€ set menu
un film policier	detective film	une omelette	omelette
un film d'amour	romantic film	la pâtisserie	pastry
un film de science-fiction	sci-fi film	une pizza	pizza
		le plat du jour	dish of the day
Les boissons	*Drinks*	le plat principal	main course
une bière	beer	un poulet rôti	roast chicken
un café (-crème)	coffee (with hot milk)	le prix fixe	fixed price
un chocolat chaud	hot chocolate	le riz	rice
un jus de …	a … juice	un sandwich	sandwich
au lait	with milk	un saucisson	salami
une limonade	lemonade		
un thé (au lait)	tea (with milk)	**Au restaurant**	*At the restaurant*
		l'addition (f)	bill
On mange	*Eating*	apporter	to bring
encore	more	commander	to order
		garçon/monsieur!	waiter
À table	*Table items*	madame/mademoiselle!	waitress
une assiette	plate		
un couteau	knife	pour commencer	to start with
une cuillère	spoon	service (non) compris	service (not) included
une fourchette	fork	une sorte de	a kind of
un verre	glass	une spécialité	speciality
		Vous désirez?	What would you like?
		Vous avez choisi?	Have you chosen?
		C'est quoi exactement?	What is it exactly?

cent dix-sept **117**

En bonne forme

1a Comment vont-ils? (1–6)
Notez ☺, 😐 ou ☹. (1–6)
How are they?
Write down ☺, 😐 or ☹.

Comment vas-tu?	Je vais très bien.
Comment allez-vous?	Je vais mieux.
Comment ça va?	Comme ci, comme ça!
Ça va?	Pas mal!
	Je suis malade.
	Ça ne va pas.

1b Identifiez la partie du corps.
Identify the part of the body.

le bras
le dos
le doigt
le genou
le nez
le pied
le ventre/l'estomac
l'œil/les yeux
la dent
la gorge
la jambe
la main
la tête
l'oreille
le coude

j'ai mal	au genou
tu as mal	à la main
il a mal	à l'oreille
elle a mal	aux yeux

1c Qu'est-ce qui fait mal? Notez la bonne lettre. (1–10)
What's hurting? Note the right letter.

cent dix-huit

1d À deux. Expliquez votre problème en français.
In pairs. Explain your problem in French.

> The French usually use the 24-hour clock. You can either write it as it is:
> **Exemple:** 21h30
> or change it to 12-hour time:
> **Exemple:** 9h30
> It is probably safest to note it down as a 24-hour clock time ... just in case you miscalculate!

2 Trouvez les paires.
Find the pairs.

1. deux heures et demie
2. quatre heures moins le quart
3. sept heures
4. neuf heures et quart
5. onze heures et demie
6. une heure moins le quart
7. dix heures
8. huit heures et quart

a. vingt et une heures quinze
b. vingt-deux heures
c. vingt heures quinze
d. dix-neuf heures
e. vingt-trois heures trente
f. quinze heures quarante-cinq
g. quatorze heures trente
h. douze heures quarante-cinq

3a Qui parle? Notez le bon prénom. (1–8)
Who is speaking? Note the right name.

Marie
petit-déjeuner 8h
déjeuner 12h45
dîner 19h30

Laure
petit-déjeuner 6h30
déjeuner 13h15
dîner 20h

Suzanne
petit-déjeuner 7h15
déjeuner 12h30
dîner 20h45

le petit-déjeuner
le déjeuner
le goûter
le dîner

Exemple:

> Je suis Marie. Je prends le petit-déjeuner à huit heures, je prends le déjeuner à douze heures quarante-cinq, et je prends le dîner à dix-neuf heures trente.

3b À deux. Prenez le rôle de Laure/Suzanne. Dites les heures de vos repas.
In pairs. Take the part of Laure/Suzanne. Give your mealtimes.

3c Écrivez une phrase en français sur les heures de vos repas.
Write a sentence in French about your mealtimes.

1 La routine

Talking about your daily routine

1 D'habitude, je me lève à six heures et demie.

2 Je me lave et je me brosse les dents à sept heures moins le quart.

3 Je prends le petit-déjeuner dans la cuisine.

4 Je quitte la maison vers sept heures et demie, et je vais au collège en car.

5 J'arrive au collège à huit heures moins le quart.

6 J'ai cours de huit heures à midi.

7 À l'heure du déjeuner, je mange à la cantine.

8 L'après-midi, je passe mon temps à dormir en classe.

9 Je rentre à la maison vers seize heures trente.

10 Je me couche en semaine à vingt-deux heures, mais le week-end je me couche plus tard.

1a Répondez aux questions en français.

1. À quelle heure est-ce qu'il se lève?
2. Qu'est-ce qu'il fait à 6h45?
3. À quelle heure est-ce qu'il part de chez lui?
4. Comment va-t-il au collège?
5. Où est-ce qu'il prend son déjeuner?
6. Est-ce qu'il préfère travailler ou dormir l'après-midi?
7. À quelle heure est-ce qu'il va au lit pendant la semaine?

1b Copiez les phrases 1–10, et changez les mots soulignés pour décrire votre routine.

Le détective

Reflexive verbs
These are normal verbs, which need an extra bit (the **reflexive pronoun**) when you use them.

Exemple: se laver = *to get washed*

je **me** lave	nous **nous** lavons
tu **te** laves	vous **vous** lavez
il/elle **se** lave	ils/elles **se** lavent

In the perfect tense, they go with **être**

Exemple: Hier, je me suis levé à dix heures = *Yesterday, I got up at 10am.*

Pour en savoir plus ➡ page 172, pt 3.8

cent vingt

1c À deux. Préparez 5 questions sur la routine de votre partenaire.

Exemple: *Tu te lèves à quelle heure?*

Posez ces questions à votre partenaire, et notez ses réponses.

Exemple: Peter se lève: 7h30

Présentez ce que vous avez trouvé au reste de la classe.

Exemple: Peter se lève à sept heures et demie, ensuite il …

> Join up your sentences with:
> et
> puis
> ensuite
> après
> mais
> pourtant

 2a Copiez et complétez les phrases pour cette athlète olympique française.

1 À 6h, elle …
2 À 6h30, elle …
3 À 8h30, elle …
4 À 9h, elle …
5 Elle travaille de … à …
6 À 18h, elle …
7 À 20h30, elle …
8 Vers 22h, elle …

 2b Lisez le texte sur la routine imaginaire de Fabien Barthez et finissez les phrases correctement.

1 Fabien Barthez est de nationalité … anglaise/française.
2 Il est … buteur/gardien de but.
3 En 1998, il jouait pour … Marseille/Monaco.
4 Il est venu habiter en Angleterre … en 1996/2000.
5 Il prend le petit-déjeuner à … 7h30/7h45.
6 Il va au gymnase … en voiture/en bus.
7 Il prend le déjeuner … à la maison/au gymnase.
8 Il va au stade pour … voir les fans/s'entraîner.
9 Il s'entraîne pendant … 2 heures/3 heures.
10 Après l'entraînement, il … se lave/se repose.
11 En semaine, il va au lit à … minuit/midi.

| la veille | *the day before* |

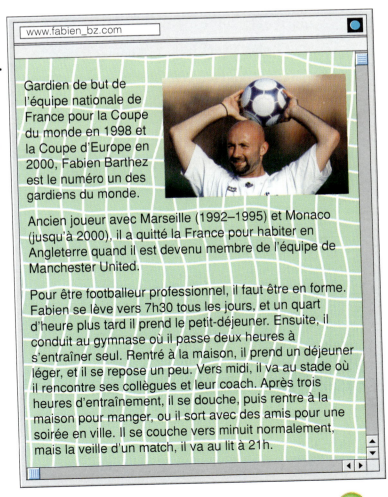

www.fabien_bz.com

Gardien de but de l'équipe nationale de France pour la Coupe du monde en 1998 et la Coupe d'Europe en 2000, Fabien Barthez est le numéro un des gardiens du monde.

Ancien joueur avec Marseille (1992–1995) et Monaco (jusqu'à 2000), il a quitté la France pour habiter en Angleterre quand il est devenu membre de l'équipe de Manchester United.

Pour être footballeur professionnel, il faut être en forme. Fabien se lève vers 7h30 tous les jours, et un quart d'heure plus tard il prend le petit-déjeuner. Ensuite, il conduit au gymnase où il passe deux heures à s'entraîner seul. Rentré à la maison, il prend un déjeuner léger, et il se repose un peu. Vers midi, il va au stade où il rencontre ses collègues et leur coach. Après trois heures d'entraînement, il se douche, puis rentre à la maison pour manger, ou il sort avec des amis pour une soirée en ville. Il se couche vers minuit normalement, mais la veille d'un match, il va au lit à 21h.

2 Avez-vous la pêche?

Talking about food preferences and healthy eating

les abricots — les framboises
les ananas — les fruits de mer
le beurre — la moutarde
le bifteck — les pâtes
les céréales — les petits pois
les cerises — les poires
les champignons — le poisson
le chocolat — le porc
le chou — le poulet
le chou-fleur — le riz
les citrons — la salade
la confiture — les saucisses
la crème — le vinaigre

 1a Qu'est-ce que vous préférez manger? Copiez et complétez la grille.

C'est délicieux	C'est pas mal	Je n'aime pas ça

 1b Qu'est-ce qu'ils aiment manger? Copiez et complétez la grille. (1–10)

Nourriture	☺	😐	☹
1			

Rappel

*Tu aimes **le** fromage? Non, je **le** déteste*
= No, I hate **it**.
*Tu aimes **la** moutarde? Non, je **la** déteste*
= No, I hate **it**.

1c À deux. Trouvez 6 choses que votre partenaire aime manger.

Exemple:

- Tu aimes **le** fromage/**la** moutarde?
- Oui, je l'aime.
- Oui, je l'adore!
- Non, je la déteste.
- Non, je le déteste.

 2a Lisez les lettres, puis remplissez la grille. Décidez s'ils mangent sainement ou pas.

	petit-déjeuner	déjeuner	dîner	sainement?
Sarah	du pain, …			
Thomas				

Eh bien moi, je trouve qu'en général je ne mange pas trop mal. Le matin, je prends du pain pour le petit-déjeuner, avec du beurre et de la confiture à la fraise. Je bois un bol de café.

À midi, je mange à la cantine. Comme hors-d'œuvre il y a souvent de la salade ou des crudités, ce qui est très bon pour la santé. Normalement on a le choix entre deux plats: un bifteck, peut-être, ou du poisson, avec des haricots verts ou parfois des pommes de terre. Comme dessert, il y a un yaourt ou une petite glace.

Le soir, à la maison, on prend souvent du potage et puis des pâtes et de la salade. On mange légèrement le soir. Je ne bois que de l'eau, parce que c'est bon pour la peau, n'est-ce pas?

Sarah

Le matin, je ne mange rien, parce que je n'ai pas le temps: je suis toujours en retard pour le car … quelquefois mon père me force à boire un peu de chocolat chaud, et c'est tout.

À midi, je vais en ville avec mes copains au lieu d'aller à la cantine. On va au fast-food, où on prend un hamburger et des frites, et on boit toujours un grand coca. Parfois on prend une glace ou un gâteau avant de retourner au collège.

Le soir, je mange devant la télé. Je n'aime pas ce que mes parents préparent. Je préfère manger une pizza surgelée et un paquet de chips. C'est rapide et c'est très bon. Mais je sais bien que ce n'est pas très sain.

Thomas

2b Notez en français ce qu'ils mangent au petit-déjeuner. Pour chaque personne, décidez si c'est sain ou pas sain. (1–6)

 2c Préparez une présentation sur vos repas typiques. Complétez ces phrases pour chaque repas.

Je prends le (repas) à (heure)		
Pour le (repas)	je mange	du jambon de la salade des œufs une saucisse
	je bois	du coca un café un chocolat chaud de l'eau

Le détective

The partitive article
Nouns always need a word before them in French, even when there isn't one in English. When talking about likes/dislikes, use le/la/les.

   Exemple: *I like chocolate* =
      J'aime **le** chocolat.

At other times, use the right word for *some*.

Masc.	Fem.	Vowel or silent h	Plural
du pain	**de la** confiture	**de l'** eau	**des** œufs

   Exemple: *I have bread and jam for breakfast* = Je prends **du** pain et **de la** confiture au petit-déjeuner.

Pour en savoir plus ➡ page 167, pt 2.1

 3a Identifiez la fonction de chaque sorte de nourriture. Écoutez la cassette pour voir si vous avez raison.

sorte de nourriture
- a produits laitiers
- b pain/céréales
- c fruits/légumes
- d produits sucrés
- e nourriture grasse
- f viandes/protéines

fonction
1. donnent de l'énergie, mais contiennent beaucoup de calories
2. contiennent des fibres et de la vitamine C
3. source de calcium, protéines et de vitamine D
4. source de cholestérol
5. apportent des protéines et des vitamines, mais attention aux matières grasses
6. donnent des vitamines, des fibres et de l'énergie

 3b Donnez 2 exemples en français pour chaque sorte de nourriture.

3 Ça ne va pas

Dealing with illness

1a Faites correspondre l'image et le problème.

1. J'ai très chaud
2. Je n'ai pas faim
3. Je me sens très fatiguée
4. J'ai très froid
5. Je suis malade
6. J'ai mal au cœur
7. J'ai la grippe
8. Je suis enrhumée
9. J'ai vomi
10. Je me suis blessée à la jambe

1b Faites correspondre l'image et le remède.

1. prenez ces comprimés
2. prenez ces pastilles
3. prenez ce sirop
4. reposez-vous
5. prenez rendez-vous chez le médecin
6. buvez beaucoup d'eau

Le détective

Avoir
Some French expressions use the verb **avoir** where English uses **to be**
   Exemple: J'ai chaud = *I'm hot*
   (in French, I have hot)

avoir chaud   avoir froid   avoir faim
avoir soif   avoir ... ans avoir peur

Pour en savoir plus ➡ page 169, pt 3.3

1c Écoutez ces conversations à la pharmacie. Notez le problème, et le remède proposé. (1–6)

2a Copiez et complétez la conversation chez le médecin.

Médecin: Bonjour, entrez, ⸺. Qu'est-ce qui ne va pas?
Malade: Oh docteur, je ne ⸺ pas très bien. J'ai mal à la ⸺, je suis ⸺, et j'ai très ⸺. Pendant la nuit, je ne peux pas ⸺.
Médecin: Est-ce que je peux vous ⸺?
Malade: Oui, bien sûr.
Médecin: Ouvrez la ⸺. Dites 'Aaah'. Mmmm. Vous avez la ⸺. Je vous donne une ordonnance pour du ⸺ et des ⸺ pour la gorge. Reposez-vous au ⸺ pendant deux ou trois ⸺.
Malade: Merci, docteur. Au ⸺!

gorge, revoir, pastilles, jours, examiner, soif, asseyez-vous, vais, grippe, bouche, enrhumé, dormir, sirop, lit

2b À deux. Préparez une autre conversation 'Chez le médecin'. Utilisez la conversation ci-dessus comme modèle.

2c Copiez et complétez la grille en français. (1–4)

symptômes	avis du médecin
1	

3 Lisez cette affiche puis répondez aux questions en anglais.

1 What should be available in every workplace? *(1)*
2 What should one person be trained in? *(1)*
3 What is the first thing you should do if there's an accident or a fire? *(1)*
4 What are the numbers to dial for the emergency services in France? *(1)*
5 What should you do after alerting the emergency services? *(2)*

SÉCURITÉ AU TRAVAIL
1 Une TROUSSE DE SECOURS doit être disponible dans chaque lieu de travail.
2 Une personne doit être formée en SECOURISME.
3 En cas d'accident ou d'incendie:
  i Alertez vos collègues immediatement.
  ii Composez le 17/15/18 pour appeler la police/une ambulance/les sapeurs-pompiers.
  iii Restez avec la victime, ou évacuez les lieux en cas d'incendie.

Remember:
Questions in English, answer in English.
Questions in French, answer in French.
If you answer in the wrong language, you get nul points!

4 Ça vaut le risque?

Talking about smoking, alcohol and drugs

1a Lisez les opinions et décidez si ces jeunes sont pour ou contre le tabac.

a Si on fume, on a l'air plus adulte.
b Le tabac sent mauvais.
c On risque d'avoir le cancer et des maladies cardiaques.
d C'est reposant de fumer une cigarette.
e Si on s'habitue au tabac, on ne peut pas s'arrêter.
f Les cigarettes coûtent très cher.
g Je veux faire la même chose que mes copains, donc je fume.
h Si j'ai une cigarette à la main, j'ai plus confiance en moi.
i L'odeur du tabac cause des problèmes pour les autres, y compris les petits enfants.

Si tu veux ...
des dents jaunes
des doigts marron
une bouche qui sent mauvais
des vêtements qui ont mauvaise odeur
une vie plus courte ...
Commence à fumer
Les cigarettes: ça pue et ça tue!

NE PAS FUMER
NO SMOKING

1b À deux. En français:

A
- Tu fumes?
- Tu est pour ou contre le tabac?
- Pourquoi?
- Tu trouve que les cigarettes coûtent cher?
- Moi aussi

B
- Say if you smoke or not
- Give your own opinion
- Give 2 reasons
- !

1c Écrivez votre réponse à cette question: qu'est-ce que vous pensez du tabac, et pourquoi?

2 Décidez si ces jeunes sont pour ou contre la drogue, et pourquoi. (1–8)

126 cent vingt-six

3a Lisez l'article.

Quel est le risque le plus grave pour notre santé au 21ème siècle?

Pour moi, c'est fumer. Les jeunes connaissent les risques du cancer, il y a même une annonce sur les paquets de cigarettes, mais ils s'en fichent, parce qu'ils pensent que c'est cool de fumer. Il faut être comme ses copains. À mon avis, c'est plutôt stupide.
Manon, 16 ans

Je pense que l'alcool est très dangereux. C'est une drogue, mais tout le monde en boit, même les parents à la maison. On ne sait pas ce qu'on fait quand on a trop bu, et ça, c'est très mauvais.
Ludo, 15 ans

Même dans mon village en pleine campagne, on peut trouver de la drogue, si on la cherche. À mon avis, la drogue pose de grands risques pour la santé, et ça ne vaut pas le risque.
Daniel, 16 ans

Surtout parmi les jeunes filles, les maladies comme l'anorexie et la boulimie sont pénibles. Les magazines et la télé insistent qu'il faut être à la mode, populaire, et mince. Beaucoup de jeunes souffrent à cause de ça.
Marie-Jo, 15 ans

Qui pense que/qu':
1 les médias encouragent les maladies alimentaires?
2 les jeunes se droguent à la campagne?
3 si on boit trop, on ne sait pas ce qu'on fait?
4 on fume pour avoir l'air cool?
5 on est influencé par ses parents à boire de l'alcool?
6 on est influencé par ses camarades de classe à fumer?

3b Écoutez ces publicités. Elles sont de la part de quelle organisation? (1–4)

3c Dessinez un poster anti-alcool ou anti-drogue.

cent vingt-sept

1 You are at the doctor's in France.

A
- Entrez, entrez!
- Quel est le problème?
- Et il y a autre chose?
- Mmm, depuis quand?
- OK, je vais vous examiner

B
- Say 'Hello'
- Say that you have a sore head; a sore throat; sore ears
- Say you are feeling sick
- Say you've been unwell for 3; 5; 7 days

2 You are talking to your penfriend about your daily routine.

A
- Parle-moi de ta routine
- C'est vrai? Moi, c'est plus tôt!
- Du pain grillé et de la confiture. Comment vas-tu au collège?
- Ah bon. Tu manges à la cantine aujourd'hui?
- Moi aussi

B
- Say what time you get up
- Ask what he/she eats for breakfast
- !
- Say where you are going to eat lunch today (either at the canteen or at home)

3 Talk for 1 minute about your daily routine. Make yourself a cue card.

Pendant la semaine, je me lève à …
Puis, …
Après, …
Je quitte la maison à …
Je vais au collège …
Le trajet dure …
J'arrive au collège à …
Les cours commencent à … et finissent à …
Je prends mon déjeuner …
Au déjeuner, je mange … et je bois …
Pendant l'heure du déjeuner, je …
Je rentre à la maison à …
Le soir, je …
J'ai … heures de devoirs par soir.
Je me couche à …
Hier, je me suis levé(e) à …

Your examiner may ask …
Tu te lèves à quelle heure d'habitude? Et le week-end?
Qu'est-ce que tu penses de la cantine?
Qu'est-ce que tu prends au dîner normalement?
Qu'est-ce que tu as mangé hier soir?
Est-ce que tu es en bonne forme?

You get extra marks if you pronounce words well and sound French! Putting the stress on the final syllable of words helps you to sound more French. Practise saying these common words, stressing the last syllable:
docteur, maison, français, famille, vacances, géographie, restaurant

1 Produce a simple fitness maintenance plan for yourself over a week. Here is a suggested plan for Monday:

Jour	Repas de midi	Activités	Lieu
lundi	Je mange du poulet grillé avec des pommes de terre et je bois un jus de carottes. Comme dessert, je mange une pomme.	Je fais du vélo de 18h à 19h30.	Au parc

Continue the plan for the next 6 days.
Add in extra details if you want.

2 Write a conversation of 70–100 words with a famous sportsperson about fitness.

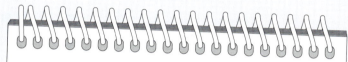

As this is a conversation, you can write it out like a script. Decide if the speakers are going to address each other as 'tu' or 'vous'. If you use 'tu', you will be able to use some of the questions practised in class. However, remember that you do not get marks for copying things from the book: you must adapt them to your own needs.

You don't have to know much about your famous person: you can make up the details. Your questions are likely to be fairly short, but make sure the celebrity gives detailed answers, with plenty of opinions!

Introduction
Introduce the famous personality, and ask him/her a few general questions, e.g. where he/she lives, how old he/she is, if he/she has any children, etc.

Paragraph 1
Ask some questions about his/her daily routine eg getting up, going to bed.

Paragraph 2
Find out about eating habits: timings, what he/she likes to eat, why he/she eats certain foods, if he/she has a healthy diet.

Paragraph 3
Find out about their hobbies and weekend activities. Include a description of what the celebrity did last night.

Paragraph 4
Find out if the celebrity smokes or drinks alcohol. Find out what he/she thinks of smoking, alcohol and drugs.

Conclusion
Find out what the celebrity's future plans are. Thank him/her for the interview.

cent vingt-neuf

Mots

La routine	*Daily routine*
se coucher	to go to bed
dormir	to sleep
se laver	to wash
se lever	to get up
aller au lit	to go to bed
passer le temps à	to spend one's time
quitter la maison	to leave the house
rentrer	to go home
avoir cours à …	to have lessons at …
arriver à la maison	to get home

Les repas	*Meals*
le déjeuner	lunch
le dîner	supper/evening meal
le goûter	tea/snack
le petit-déjeuner	breakfast
prendre	to take

Le corps	*The body*
le bras	arm
le cœur	heart
la dent	tooth
le doigt	finger
le dos	back
l'estomac (*m*)	stomach
le genou	knee
la gorge	throat
la jambe	leg
la main	hand
le nez	nose
un œil/les yeux	eye(s)
une oreille	ear
le pied	foot
la tête	head
le ventre	stomach

Ça va?	*Are you OK?*
avoir chaud	to be hot
avoir froid	to be cold
aller bien	to be well
aller mieux	to be better
comme ci, comme ça	so-so
très bien	very well
pas mal	not bad
malade	ill
avoir mal à …	… to hurt
être enrhumé(e)	to have a cold
la grippe	flu
vomir	to be sick
se blesser	to hurt oneself
je me suis blessé(e) à la jambe	I have hurt my leg
avoir mal au cœur	to feel sick

Au secours	*Help!!!*
une ambulance	ambulance
la police	police
les sapeurs-pompiers	fire brigade
trousse de secours	first-aid kit

Les remèdes	*Remedies*
les comprimés (*mpl*)	tablets
les pastilles (*fpl*)	pastilles
le sirop	syrup

La santé	*Health*
l'alcool (*m*)	alcohol
une annonce	advert
le cancer	cancer
une cigarette	cigarette
la drogue	drug(s)
se droguer	to take drugs
être en forme	to be healthy/fit
fumer	to smoke
gras	fat
s'habituer	to be used to

une maladie	*illness*
la nourriture	*food*
avoir peur	*to be afraid*
sain	*healthy*
sentir mauvais	*to smell bad*
sucré(e)	*sweet*
le tabac	*tobacco*
végétarien(ne)	*vegetarian*
la vitamine	*vitamin*

Les fruits — *Fruits*
un abricot	*apricot*
un ananas	*pineapple*
une banane	*banana*
une cerise	*cherry*
une fraise	*strawberry*
une framboise	*raspberry*
un fruit	*fruit*
une orange	*orange*
une pêche	*peach*
une poire	*pear*
une pomme	*apple*
une pomme de terre	*potato*
un raisin	*grape*
une tomate	*tomato*
un citron	*lemon*

Les légumes — *Vegetables*
une carotte	*carrot*
un champignon	*mushroom*
un chou	*cabbage*
une chou-fleur	*cauliflower*
un légume	*vegetable*
des petits pois	*peas*
la salade	*lettuce*

La viande — *Meat*
un bifteck	*steak*
un hamburger	*hamburger*
le jambon (blanc)	*ham*
le porc	*pork*
une saucisse	*sausage*
la viande	*meat*

Le petit-déjeuner — *Breakfast*
le beurre	*butter*
les céréales (*fpl*)	*cereal*
la confiture	*jam*
un croissant	*croissant*
un œuf	*egg*
le pain	*bread*

Autres choses à manger — *Other food*
une baguette	*French bread*
un biscuit	*biscuit*
un bonbon	*sweet*
la crème	*cream*
le fromage	*cheese*
un gâteau	*cake*
l'huile (*f*)	*oil*
la moutarde	*mustard*
le pâté	*pâté*
les pâtes (*fpl*)	*pasta*
le poisson	*fish*
le poivre	*pepper*
le potage	*soup*
la sauce	*sauce*
le sel	*salt*
la soupe	*soup*
les spaghetti (*mpl*)	*spaghetti*
le sucre	*sugar*
le vinaigre	*vinegar*
la vanille	*vanilla*
le yaourt	*yogurt*

cent trente et un

Le transport

On peut voyager
… en auto/voiture
en voiture
en autobus/car
en métro
en taxi
en train
en avion
en bateau
à vélo
à pied

1a Écrivez en français.
Write these sentences in French.

Exemple: Je vais au collège en car.

Rappel
to = à
à + le = au
à + les = aux
to + name of town = à
to + name of country = mostly *en*, sometimes *au* or *aux*

1b Copiez et complétez la grille en français. (1–6)
Copy and complete the grid in French.

	Transport	Durée du trajet
1	en autobus	15 mins
2		

1c À deux. Posez les questions et répondez en français.
In pairs. Ask and answer these questions in French.

Exemple: 1 ● Comment est-ce que tu vas au collège?
● Je vais au collège en voiture.

2 Comment est-ce que tu vas en ville?
3 Comment est-ce que tu vas à la piscine?
4 Comment est-ce que tu vas chez tes amis?
5 Comment est-ce que tu vas en vacances normalement?

2a C'est quelle direction?
Which direction is it?

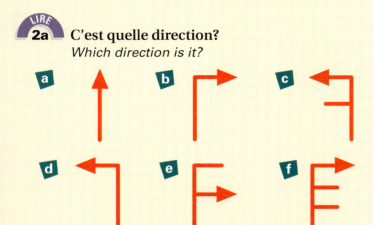

Pour aller à … , s'il vous plaît?

Tournez à droite
Tournez à gauche
Allez tout droit
Prenez la première rue à droite
Prenez la deuxième rue à gauche
Prenez la troisième à droite

2b Regardez le plan, et notez si les directions sont correctes ✔ ou fausses ✘. (1–7)
Look at the plan and note if the directions given are correct ✔ or wrong ✘.

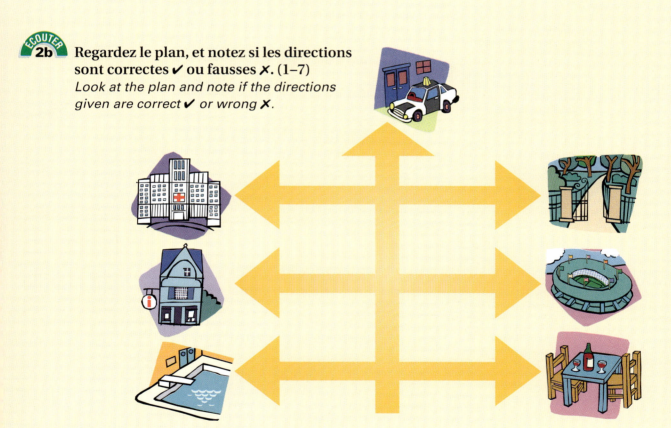

2c À deux. Posez une question et écoutez la réponse de votre partenaire. Dites si la réponse est vraie ou fausse.
In pairs. Ask a question and listen to your partner's answer. Say if the answer is true or false.

Exemple:
- Pour aller au commissariat?
- Prenez la deuxième rue à gauche.
- Faux!

Déjà vu

3a Faites correspondre les expressions.
Match up the expressions.

1 Where is ... ?
2 What time ... ?
3 Have you got to ... ?
4 I would like ...
5 Can you ... ?
6 Have you got ... ?
7 Is there ... ?
8 How much is ... ?

Je voudrais ...
Avez-vous ... ?
Est-ce qu'il y a ... ?
Où est ... ?
Est-ce qu'il faut ... ?
Est-ce qu'on peut ... ?
... à quelle heure?
... c'est combien?

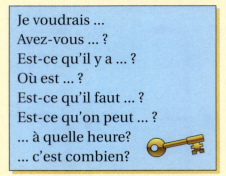
Watch out for these key questions which come up all the time in the oral exam.

3b Trouvez la bonne réponse à chaque question. (1–8)
Find the right answer to each question.

a À vingt heures trente.

b Oui, quelle sorte de pommes voulez-vous?

c Ah oui, j'ai ton cahier, voilà.

d 30,40€

e Prenez la deuxième rue à droite,

f Il y a des courts de tennis dans la ville.

g Oui, il est nécessaire de réserver.

h La banque est en face de l'hôtel.

4 Faites correspondre les instructions anglaises et françaises.
Match the French and English phrases.

1 Fill in the grid
2 Read the text
3 Answer the questions
4 Put ... in the right order
5 Choose the right answer
6 Match up
7 Tick ...
8 Write down the right letter

Choisissez la bonne réponse
Cochez ...
Écrivez la bonne lettre
Faites correspondre ...
Lisez le texte
Mettez ... dans le bon ordre
Remplissez la grille
Répondez aux questions

The instructions to the exam exercises are in French. But do not worry: you have had lots of practice following French instructions in this book.

5 Formez des phrases. Les mots qui manquent sont ci-dessous.
Make these sentences. The endings you need are below.

1 Ask if there is …	a		b		c	.
2 Find out where …	d		e		f	.
3 Ask if you can …	g		h		i	.
4 Say you would like …	j		k		l	.
5 Ask if they have …	m		n		o	.
6 Ask if you must …	p		q		r	 .
7 Ask how much for …	s		t		u	.
8 Find out when …	v		w		x	.

un bus pour le stade
être coiffeur
des maillots de bain
un livre
une table pour deux personnes
réserver
payer un supplément
parler français

un billet
des toilettes
une nuit
un plan de la ville
le film finit
le train arrive
une réduction pour les étudiants
tu te lèves

le stade
mon stylo
le prof
manger du chewing-gum
avoir un nouveau cahier
prendre le bus
une glace
un billet pour 'Titanic'

1 *Pardon, madame ...*

Finding the way around town

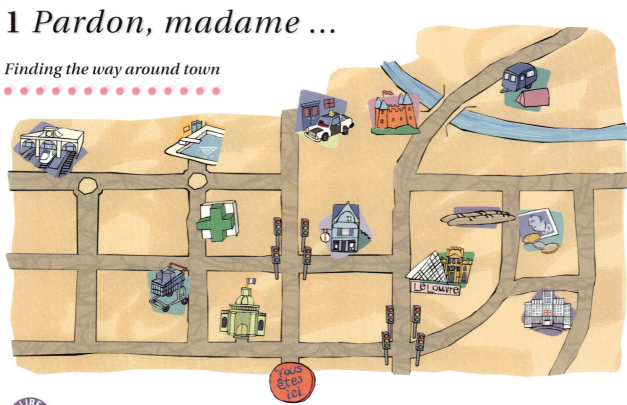

 1a Lisez les directions et notez la destination.

a Montez la rue jusqu'aux feux, puis tournez à droite, et c'est à votre gauche.
b Tournez à droite, puis tournez à gauche aux feux. Continuez tout droit, et traversez le pont. C'est un peu plus loin, à droite.
c Tournez à gauche. Ensuite, prenez la première rue à droite. Montez la rue jusqu'au carrefour, et c'est au coin, à gauche.
d Allez tout droit. Passez les feux, puis tournez à gauche. Au rond-point, tournez à droite, et c'est en face de vous.
e Tournez à droite, puis continuez tout droit. C'est juste après la deuxième rue, à droite.

 1b Trouvez le français pour:

go up the road   until the lights
cross the bridge
until the crossroads   it's at the corner
at the roundabout

Le détective

Imperative
When you are telling somebody what to do, you need the imperative.
If you are using **vous** (Exemple: for a stranger in the street), your verbs end in -ez [eh].
   tournez   montez   allez
If you are using **tu**, -er verbs end in -e.
   tourne   monte
Except for aller which changes to:
   vas

Pour en savoir plus ➡ page 172, pt 3.9

 1c Écoutez ces directions. On va où? (1–6)

 1d À deux. Regardez le plan encore une fois. Donnez des directions à votre partenaire. Où allez-vous?

2a Écoutez et lisez les conversations. Pour chaque conversation notez les détails qui manquent. (1–4)

Touriste	Pardon, madame, monsieur **a** , c'est près d'ici?
Passant(e)	Ah non, c'est assez loin. C'est à **b** d'ici.
Touriste	Pour y aller, s'il vous plaît?
Passant(e)	Prenez **c** , et descendez à la/au **d** .
Touriste	Le trajet dure combien de temps?
Passant(e)	Eh bien, **e** environ.
Touriste	Merci, madame, monsieur. Au revoir.

Le détective

Y

Y *(pronouned 'ee')* means there.
It comes before the verb in a sentence.
   Exemple: Pour y aller, s'il vous plaît?
      = *How do I get there?*
   Elle y va le lundi
      = *She goes there on Mondays.*

Pour en savoir plus ➡ page 177, pt 7.3

2b À deux. Répétez les conversations. Utilisez les détails suivants:

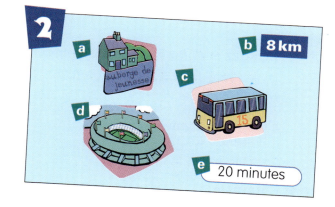

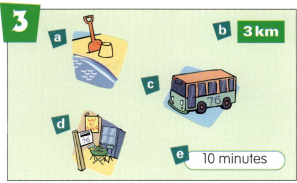

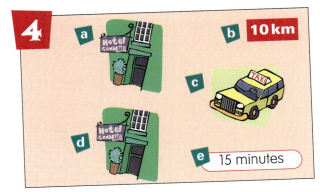

3 Écrivez ces directions en français.

1 Pour aller de votre collège en ville.
2 Pour aller de votre maison au collège.
3 Pour aller du collège à une destination de votre choix.

cent trente-sept **137**

2 À la gare SNCF

Coping at the station

 1a Où est-ce qu'on va:

a pour attendre le train confortablement?
b pour sortir de la gare en cas d'urgence?
c pour chercher quelque chose qu'on a perdu?
d pour réserver un billet à l'avance?
e pour laisser ses sacs et aller visiter la ville?
f pour manger un sandwich?
g pour entrer dans la gare?
h pour prendre le train?
i pour acheter un billet?
j pour enregistrer ses bagages pour un long voyage?

Consigne automatique · Entrée · Sortie de secours · Buffet · Réservations · GUICHET · Quais · Salle d'attente · Bagages · Objets Trouvés

Le détective

Pour

Pour means **in order to** or **to** when it is followed by the infinitive.

   Exemple: pour attendre le train =
   in order to wait for the train
   Je suis allé en France pour voir mon ami =
   I went to France to see my friend.

Pour en savoir plus ➡ page 168, pt 3.1

 1b Écoutez et notez en français: (1–6)

a ce qu'ils cherchent.
b où c'est.

Exemple: 1 a guichet
         b en face des toilettes

 2a Complétez la conversation au guichet. Choisissez les mots dans la case.

Employé	Bonjour, je peux vous aider?
Voyageur	Je voudrais un **a** pour **b**, s'il vous plaît.
Employé	Bien sûr, en quelle classe?
Voyageur	En **c** classe, s'il vous plaît, et dans la compartiment **d**. C'est combien?
Employé	Voilà, ça fait **e**, s'il vous plaît.
Voyageur	Le prochain train part à quelle heure?
Employé	Il y a un train toutes les **f**. Le prochain train part à **g**.
Voyageur	Merci, et il arrive à quelle heure?
Employé	Il arrive à **h**.
Voyageur	Et quel est le numéro du quai?
Employé	C'est le quai numéro **i**.

deuxième   15h40
quatre   Calais
trente minutes
35€
non-fumeurs
aller–retour   13h20

Check you know the meaning of the words you're going to choose from before you start trying to fill in the gaps.

2b Écoutez la conversation pour voir si vous avez raison.

 3a À deux. Vous êtes à la gare. Posez les questions et répondez à tour de rôle.

1. Achetez un billet pour la destination de votre choix.
2. Trouvez le prix du billet.
3. Trouvez l'heure du départ et de l'arrivée de votre train.
4. Trouvez le numéro du quai.

Le détective

Quel
Quel means which or what.

	Masculine	Feminine
Singular	quel quai?	quelle classe?
Plural	quels trains?	quelles places?

Pour en savoir plus ➡ page 173, pt 4.3

Destination	Départ	Arrivée	Quai	Prix 1ère aller-simple	Prix 2ème aller-simple	Prix 1ère aller-retour	Prix 2ème aller-retour
Paris	9h30	14h56	6	99,00€	68,60€	182,90€	137,00€
Londres	12h04	18h35	10	150,90€	118,90€	274,40€	237,80€
Douvres	15h20	20h16	8	125,00€	97,60€	228,70€	195,00€
Marseille	20h55	6h12	2	144,80€	111,30€	304,90€	222,60€

un aller-simple *single*   un aller-retour *return*

 3b Copiez et complétez la grille. (1–6)

	Destination	Sorte de billet	Classe	Fumeur?	Départ	Arrivée	Quai
1							

 4 Regardez l'horaire, et décidez si les phrases sont vraies ou fausses.

1. Le premier train de Paris à Nîmes part à 10h46.
2. Si on part de Paris à 10h29, le voyage jusqu'à Montpellier dure 4 heures 17 minutes.
3. Le train numéro 9536 s'arrête à Disneyland Paris®.
4. On peut voyager directement de l'aéroport Charles de Gaulle à Montpellier à 17h05.
5. Si on rate le train numéro 873 à 17h48, le prochain train pour Valence part à 21h49.
6. Le dernier train de Paris à Nîmes est à 21h59.

Numéro de TGV		520	851	853	855	9536	857	871	544	873	877	879
Aéroport Charles de Gaulle TGV	Départ	6.56				13.13			17.05			
Marne la Vallée Chessy Disneyland®	Départ	7.12							17.19			
Paris gare de Lyon	Départ		8.18	10.29	12.06		13.30	16.42		17.48	18.42	21.49
Satolas TGV	Arrivée					15.11						
Valence	Arrivée	9.53	10.46			15.41	15.59	19.10	19.59	20.17	21.10	
Montélimar	Arrivée					a	a	a	a	20.39		
Avignon	Arrivée	10.53			15.28	16.40		20.10	20.59		22.10	03.53
Nîmes	Arrivée	11.25	12.12	14.20	15.58	17.10		20.44	21.39	21.47	22.46	04.49
Montpellier	Arrivée	11.53	12.39	14.46	16.25	17.36	17.51	21.10	22.06	22.14	23.12	05.20

cent trente-neuf

3 Trop de voitures?

Talking about traffic and transport problems

 1a Trouvez l'expression soulignée qui correspond à ces définitions:

a il y avait beaucoup de voitures sur les routes
b l'heure où tout le monde rentre à la maison
c une situation où les routes sont bloquées à cause du nombre de voitures
d l'endroit au bord de la route réservé aux piétons
e au milieu du centre-ville
f très très rapidement

 1b Quelle image représente l'incident?

L'agressivité au volant

Accident hier soir <u>en plein centre-ville</u>: trois personnes grièvement blessées.

C'était <u>l'heure d'affluence</u> à La Rochelle, et comme d'habitude à 18h30 <u>il y avait beaucoup de circulation</u>. Aux feux au supermarché Leclerc, on faisait la queue pour tourner à gauche. Mais les voitures continuaient à venir de l'autre direction. Bref, <u>un embouteillage</u>: on attendait avec patience.

Soudain, Thierry Duault, 22 ans, en a eu marre. <u>À toute vitesse</u>, il a essayé de doubler la queue pour continuer tout droit. Mais pas sur la route. Il est monté sur <u>le trottoir</u> à 50 kilomètres à l'heure. Désastre: une jeune mère de famille s'y promenait avec ses deux enfants.

Résultat? La jeune femme, un de ses enfants et le chauffeur sont hospitalisés, grièvement blessés.

doubler *to overtake*

2a De quel problème parlent-ils? (1–5)

 2b Mettez les solutions proposées dans le bon ordre.

RÉUNION PUBLIQUE: lundi 6 septembre à 20h30, salle des fêtes

LES PROBLÈMES DANS NOTRE VILLE:
1 Les embouteillages bloquent les rues et on ne peut pas circuler.
2 Le stationnement en ville est devenu presque impossible.
3 Les gaz émis par les voitures causent trop de pollution.
4 La fumée et la pollution causent des maladies, en particulier l'asthme.
5 Le bruit constant des moteurs ruine la tranquillité de nos parcs.

NOUS VOULONS:
1 Un meilleur système de transports en commun, avec plus de routes d'autobus.
2 Une zone piétonne en centre-ville.
3 Des voies réservés aux cyclistes.
4 La construction d'un parking-visiteurs à l'entrée de la ville.

SI VOUS VOULEZ CONTRIBUER AU DÉBAT, VENEZ À LA RÉUNION.

 3a Pensez à la ville la plus proche de chez vous. Copiez la grille et placez les opinions dans la bonne colonne.

| pistes cyclables | cycle paths |

a Il y a trop de circulation en ville.
b Il y a un grand nombre d'embouteillages.
c Il y a peu de pollution.
d Il y a beaucoup de transports en commun.
e Il y a assez de zones piétonnes.
f Il n'y a pas assez de pistes cyclables.

D'accord	Pas d'accord
a	

 3b En groupe. Quel est le problème de transport le plus grave dans votre ville/village? Posez la question à vos camarades de classe, et notez leurs réponses.

À mon avis	il y a	peu de/d'	circulation
Je pense qu'	il n'y a pas	trop de/d'	embouteillages
		assez de	pollution
		beaucoup de/d'	transports en commun
			zones piétonnes
			pistes cyclables

 3c Écrivez un paragraphe sur les résultats.

Exemple: 12 personnes pensent qu'il y a trop de circulation.

cent quarante et un

1 You are lost in a French town.

A
- Say 'Excuse me'
- Ask the way to the police station; the town hall; or the hospital
- Ask whether it is far
- Ask if there is a bus

B
- Oui?
- Prenez la première rue à droite
- Oui, c'est à 2 kilomètres
- Prenez le numéro six

2 You are with a friend at the bus station.

A
- Je peux vous aider?
- Dans 15 minutes, monsieur/mademoiselle
- Bien sûr. Combien de sacs avez-vous?
- OK. 7,50€, s'il vous plaît
- Là-bas, près de la sortie

B
- Ask when the next bus for Paris leaves
- Say you want a return ticket
- !
- Ask where one of these places is: the waiting room; the luggage lockers; the lost property

3 Talk for 1 minute about the transport in your town or village. Make yourself a cue card.

> Dites où vous habitez et où ça se trouve.
> Décrivez votre trajet au collège.
> Expliquez comment on peut aller en ville/au centre-ville.
> Dites comment vous allez en ville normalement, et pourquoi.
> Décrivez un long voyage que vous avez fait récemment.
> Donnez votre opinion sur le transport dans votre ville/village.

Your examiner may ask …

Comment est-ce qu'on peut aller de chez toi en ville/au centre-ville?
Décris-moi un long voyage que tu as fait récemment.
Tu as visité la France? Parle-moi du voyage.
Parle-moi des problèmes de transport dans ta ville/ton village.

Many people feel quite nervous about their oral exam. You will feel better if you are well-prepared. Use the questions at the end of each module as practice material at home. Get a friend to ask you the questions, or record yourself on tape saying the questions. Leave a gap on the tape and see if you can fill it with your long answer.

- Practise in front of a mirror, smiling and looking confident!
- Relax yourself before the exam by taking deep breaths and breathing slowly.
- Bonne chance!

1
Write a reply to this e-mail in 70–100 words, asking for details about the arrangements for your visit to Paris next week.

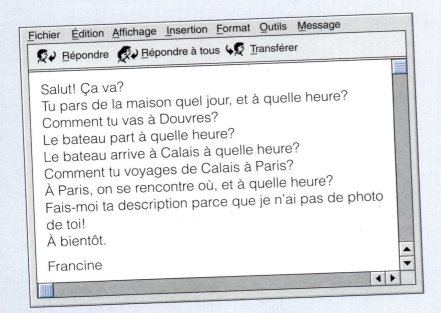

Salut! Ça va?
Tu pars de la maison quel jour, et à quelle heure?
Comment tu vas à Douvres?
Le bateau part à quelle heure?
Le bateau arrive à Calais à quelle heure?
Comment tu voyages de Calais à Paris?
À Paris, on se rencontre où, et à quelle heure?
Fais-moi ta description parce que je n'ai pas de photo de toi!
À bientôt.

Francine

2
Write a letter of 70–100 words to a newspaper about the traffic problems in your town.

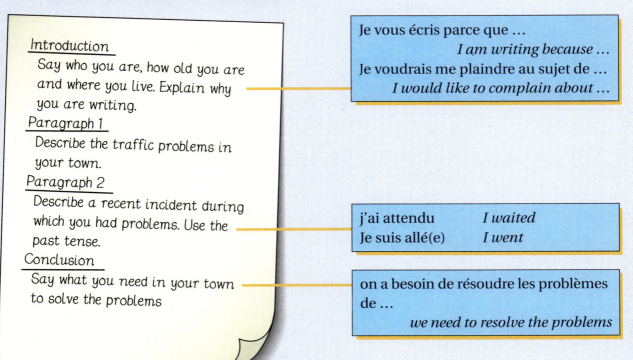

Introduction
Say who you are, how old you are and where you live. Explain why you are writing.

Paragraph 1
Describe the traffic problems in your town.

Paragraph 2
Describe a recent incident during which you had problems. Use the past tense.

Conclusion
Say what you need in your town to solve the problems

Je vous écris parce que …
  I am writing because …
Je voudrais me plaindre au sujet de …
  I would like to complain about …

j'ai attendu — *I waited*
Je suis allé(e) — *I went*

on a besoin de résoudre les problèmes de …
  we need to resolve the problems

Mots

Les directions	Directions
après	after
avant	before
le carrefour	crossroads
le coin	corner
continuer	to continue
descendre	to go down
deuxième	second
excusez-moi	excuse me
ensuite	then
le feu rouge	red light
les feux	traffic lights
jusqu'à	up to
là-bas	over there
loin de	far from
madame	madam
monter	to go up
pardon	excuse me
passer	to pass
premier(ère)	first
prendre	to take
près d'ici	close to here
prochain(e)	next
puis	then
le rond-point	roundabout
tourner	to turn
traverser	to cross
voilà	there
à droite	on the right
à gauche	on the left
tout droit	straight ahead
tout près	close by
à … km/m/minutes	… km/m/minutes away
pour aller à la/au/à l'/aux	to get to

Le transport	Transport
en …	by …
une auto/voiture	car
un autobus	bus
un avion	plane
le bateau	boat
le bus	bus
le car	coach
le métro	underground
à pied	by foot
le taxi	taxi
le train	train
le vélo	bike
la voiture	car
voyager	to travel
beaucoup de	a lot of
pas mal de	quite a lot of
plein de	plenty of
peu de	little
trop de	too much/too many
assez de	enough

La circulation	Traffic
conduire	to drive
un embouteillage	traffic jam
la fumée	smoke
le gaz	gas
une heure d'affluence	rush hour
pollué	polluted
la pollution	pollution
une piste cyclable	cycle route
rapide	fast
le stationnement	parking
les transports en commun	public transport
le trottoir	pavement
une zone piétonne	pedestrian zone
à toute vitesse	at full speed
à 100 km à l'heure	at 100 km an hour

je roulais …	I was travelling …
je voulais aller	I wanted to go
j'étais en retard	I was late

À la gare — At the station

automatique	automatic
les bagages (*mpl*)	luggage
le buffet	restaurant
la consigne	left luggage
une entrée	entrance
le guichet	ticket office
les objets trouvés	lost property
le quai	platform
les réservations	reservations
la salle d'attente	waiting room
la sortie	exit
la sortie de secours	emergency exit
les toilettes	toilets

Acheter des billets — Buying travel tickets

un aller-retour	return ticket
un aller-simple	single ticket
arriver	to arrive
un billet	ticket
deuxième classe	second class
fumeur/non-fumeur	smoking/non-smoking
le numéro	number
partir	to leave
première classe	first class
pour	for
deuxième classe	second class
un ticket	ticket
toutes les … minutes	every … minutes
rater le train	to miss the train
arrêter	to stop

À toi!

Études

Interview avec Anne-Claire Robert, 21 ans, assistante de français depuis cinq mois dans un collège anglais.

Q Bonjour, Anne-Claire. D'abord, qu'est-ce que tu fais exactement en Angleterre?

R Eh bien, je suis étudiante à l'université de Clermont-Ferrand dans le centre de la France, où j'étudie l'anglais, l'espagnol, et le commerce. Mais cette année, je travaille au collège de Thurston, dans le Suffolk, comme assistante de français.

Q Quel est ton rôle?

R J'aide les profs et les élèves. Je travaille avec des classes entières et avec des petits groupes d'étudiants qui préparent leur Bac de français.

Q Comment est-ce que tu trouves tes élèves?

R En général, les élèves sont très sympa. Ils disent qu'ils préfèrent le sport ou le dessin, mais ils essaient de parler français avec moi.

Q Quelles sont les différences entre le collège en France et le collège en Angleterre?

R D'abord, les heures. En France, il est normal de commencer à huit heures et de finir à seize ou même dix-sept heures. Mon collège en Angleterre commence plus tard, à neuf heures et quart. Il y a aussi le fait que les anglais portent un uniforme. L'uniforme à Thurston est un sweat bleu marine et un pantalon ou une jupe. En France, 'l'uniforme', c'est un jean et des baskets! Ce qui est aussi différent, c'est qu'il n'y a pas de redoublement en Angleterre.

Q Tu peux expliquer le redoublement, s'il te plaît?

R À la fin de l'année scolaire, les professeurs regardent les notes de chaque élève. Si un élève n'a pas d'assez bonnes notes, il ne passe pas dans la classe supérieure. C'est à dire qu'il doit répéter l'année scolaire.

Q C'est très intéressant. As-tu remarqué d'autres différences?

R Pendant la récré, les profs en France ne sont pas responsables de la discipline. Ça, c'est le rôle des 'pions'; des étudiants d'université qui sont payés pour surveiller les élèves.

Q Et toi, qu'est-ce que tu vas faire après ton année en Angleterre?

R Je vais rentrer à l'université pour continuer mes études, parce que je voudrais être prof d'anglais. J'ai déjà fait beaucoup de progrès en anglais.

1 Choisissez les bons mots pour compléter chaque phrase.

aide les profs et les élèves
un jean et des baskets
professeur d'anglais
retourner en France
l'uniforme scolaire
à Thurston en Angleterre
assistante de français
sympa
répéter l'année scolaire
responsables de la discipline pendant la récréation
différentes
l'anglais, le commerce et l'espagnol

1. Anne-Claire est …
2. Comme matières elle étudie …
3. En ce moment, elle habite …
4. Elle aide …
5. En général, les élèves sont …
6. Elle trouve que les heures du collège sont …
7. Les élèves anglais portent …
8. Les élèves français portent …
9. Redoubler, c'est …
10. Les 'pions' sont …
11. Après cette année, Anne-Claire va …
12. Elle voudrait être …

 2 Complétez les phrases.

Exemple: 1 Le collège (commencer) à
Le collège <u>commence</u> à <u>huit heures et demie</u>.

2. Julie (aimer) le
   Julie ▰ le ▰.
3. Elle (faire) aussi de l'
   Elle ▰ aussi de l' ▰.
4. La récréation (commencer) à
   La récréation ▰ à ▰.
5. À midi elle (manger) du poulet et
   À midi elle ▰ du poulet et ▰.
6. Après le collège elle (rentrer) à la
   Après le collège elle ▰ à la ▰.

 3 Écrivez une lettre à Zoë. Répondez à toutes ses questions.

Nice, le 12 février

Salut!

Merci de ta lettre. C'était comment, ta visite scolaire? Où êtes-vous allés?

Qu'est-ce que tu aimes au collège, et pourquoi? Moi, je n'aime pas la musique parce que le prof est trop sérieux.

Qu'est-ce que tu vas faire au mois de septembre?

Réponds-moi vite.

Zoë

Chez moi

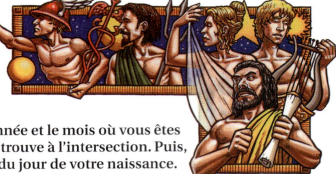

1a Dans le Tableau 1, trouvez l'année et le mois où vous êtes né(e) et notez le chiffre qui se trouve à l'intersection. Puis, additionnez ce chiffre à celui du jour de votre naissance.

Exemple: Vous êtes né(e) le 17 juin 1985

1985/juin = 6
6+17 = 23

Tableau 1	J	F	M	A	M	J	J	A	S	O	N	D
1985	1	4	5	1	3	6	1	4	0	2	5	0
1986	3	6	6	2	0	2	5	1	3	6	1	1
1987	4	0	0	3	5	1	3	6	2	4	0	2
1988	5	1	1	4	6	2	4	0	3	5	1	3
1989	6	2	3	6	1	4	6	2	5	0	3	5

Dans le Tableau 2, trouvez le jour de la semaine qui correspond à ce chiffre.

Exemple:

23 → lundi

Tableau 2						
lundi	2	9	16	23	30	37
mardi	3	10	17	24	31	
mercredi	4	11	18	25	32	
jeudi	5	12	19	26	33	
vendredi	6	13	20	27	34	
samedi	7	14	21	28	35	
dimanche	1	8	15	22	29	36

Les mystères de ta date de naissance

Sais-tu que le jour de la semaine où tu es né(e) peut révéler des détails sur ta personnalité?

LUNDI
Tu es né(e) sous l'influence de la Lune. Tu aimes la vie familiale et les enfants. Secret(ète) et sensible, tu possèdes un réel pouvoir de séduction.

MARDI
Mars était le nom du dieu de la guerre chez les Romains. Comme tu es né(e) sous l'influence de la planète qui porte ce nom, tu aimes te disputer et te battre! Tu es sportif(ive) et gagner est très important pour toi.

MERCREDI
Mercure est ta planète. Très aimable, tu adores les gens et tu aimes faire de nouvelles rencontres. Les voyages te passionneront toute ta vie. Chose certaine, tu as horreur de la routine.

JEUDI
Ta planète? Jupiter. Plutôt autoritaire, tu aimes être le chef. Ton énergie est contagieuse, les autres te suivent naturellement. Généreux(euse), positif(ve) et plein(e) de vie, tu t'entends bien avec tout le monde.

VENDREDI
Vénus est la déesse de l'amour. Comme tu es né(e) sous l'influence de cette planète, pas de surprise que tu aimes l'amour, le plaisir et les belles choses. Ta gentillesse, ta générosité, ton charme et ton intelligence t'apportent beaucoup d'amis.

SAMEDI
Tu as beaucoup de patience. Tu es travailleur(euse) et tu adores aider les autres. Mais attention: il n'y a pas seulement le travail qui est important!

DIMANCHE
Tu es né(e) sous l'influence du Soleil, la planète de l'action. Tu adores être le centre d'attention. Tu sais ce que tu veux et tu préfères des amis énergiques comme toi. Rapide et efficace, tu possèdes un excellent jugement.

efficace	*efficient*
la guerre	*war*
la déesse	*goddess*

1b Trouvez la description pour le jour où vous êtes né(e). Est-ce qu'elle correspond à votre personnalité? Écrivez une phrase pour justifier votre réponse.

Exemple: La description pour dimanche ne correspond pas à ma personnalité parce que je suis très paresseux et je suis assez timide.

cent quarante-huit

1c Trouvez le bon sous-titre pour chaque jour de la semaine.

| lundi | mardi | mercredi | jeudi | vendredi | samedi | dimanche |

le patient · le battant (the fighter) · l'actif · le séducteur · le sociable · le meneur (the leader) · l'amoureux

1d Quel jour est-ce qu'ils sont nées?

Anna: Je me dispute souvent avec mes parents et mes sœurs, surtout quand on joue au tennis par exemple, parce que je veux toujours gagner ...

Cécile: J'ai déjà visité un peu l'Europe, et j'aimerais voyager dans le monde entier. Ce serait ennuyeux de rester en France.

Benjamin: C'est moi le capitaine de notre équipe de basket, et je trouve qu'on me respecte. Je suis fort en basket mais j'aime participer, et pas seulement gagner.

Maryse: Au collège, je travaille très dur parce que je veux faire des progrès. J'aide mes copains à faire leurs devoirs.

Didier: Je voudrais me marier et avoir plein d'enfants! Les filles m'aiment bien car je sais leur parler et garder leurs secrets ...

2a Complétez le questionnaire. Donnez les détails pour un homme et une femme de votre famille.

3 Écrivez une lettre en français à Madame Pinaud.

FAMILLE PINAUD
Nous cherchons jeune garçon/fille au pair pour travailler chez nous (deux enfants). Si vous avez les qualités nécessaires, contactez-nous.
Mme Pinaud, 8 rue du 11 novembre, 13132 Marseille

Il faut mentionner:
- vos détails personnels
- vos qualités personnelles
- ce que vous faites pour aider à la maison chez vous
- votre expérience précédente avec les enfants
- quand vous pourrez commencer

Temps libre

Le hockey sur glace

Le sport national du Canada, et le sport le plus populaire, c'est le hockey sur glace.

Le sport a été inventé en 1867 par un groupe de soldats britanniques stationnés en Ontario au Canada.

Au Canada, beaucoup d'enfants apprennent à patiner quand ils ont quatre ou cinq ans. Pourtant, comme il faut avoir beaucoup d'équipement, le hockey est un sport qui coûte très cher pour les parents.

Le hockey sur glace est un sport très passionnant. Un jeu consiste en trois périodes de 20 minutes, mais le match dure presque trois heures parce qu'il y a beaucoup de pauses. C'est extrêmement rapide mais aussi assez violent, et il y a souvent des bagarres pendant les matchs professionnels.

Dans une équipe de hockey sur glace, il y a 20 joueurs, mais seulement 6 joueurs sont sur la glace en même temps. Le trainer remplace les joueurs continuellement pendant le jeu.

Les Canadiens de Montréal sont peut-être l'équipe la plus célèbre du Canada. Habillés en bleu, blanc et rouge, ils ont gagné la Coupe Stanley, le prix le plus prestigieux, 24 fois. Patrick Roy, leur gardien de but pendant dix ans, est un grand héros sportif.

bagarres	*fights*

Carte d'identité

Nom: Roy
Prénom: Patrick
Né: le 5 octobre 1965, Sainte-Foy, Québec
Taille: 1,83 mètres
Poids: 87 kilos
Position: gardien de but
Numéro: 33
Équipes: Canadiens de Montréal, Avalanche du Colorado
Surnoms: Saint Patrick, Goose
Repas préféré: le steak
Passe-temps préféré en été: le golf

Équipement pour le hockey sur glace

1 paire de patins	$229
1 stick	$30
1 paire de jambières	$50
1 paire d'épaulettes	$45
1 paire de protège-coudes	$40
1 paire de gants	$40
1 casque	$60
1 maillot de hockey	$50
1 pantalon de hockey	$109
TOTAL	$653

À toi!

1a Ça coûte combien?   *Exemple:* 1 $60

1b Copiez et complétez pour Patrick Roy.

Patrick Roy est né au ▬▬, et son anniversaire est le ▬▬. Il mesure ▬▬ et il pèse ▬▬.

Sa position est ▬▬ et il porte toujours le numéro ▬▬. Pendant 10 ans, il a joué pour les ▬▬, et depuis, il joue pour l'▬▬ en Amérique. Les fans l'appellent ▬▬ ou ▬▬.

Patrick préfère manger ▬▬, et pendant son temps libre, en été, il joue au ▬▬.

1c Répondez à ces questions en français.

1. Quel est le sport national du Canada? (1)
2. Qui a inventé ce sport? (1)
3. À quel âge est-ce que les enfants commencent à patiner au Canada? (1)
4. Pourquoi est-ce que c'est un sport qui coûte cher? (1)
5. Un match typique dure combien de temps? (1)
6. Combien de joueurs est-ce qu'il y a dans l'équipe? (1)
7. Pendant un match, combien de joueurs au total sont sur la glace? (1)
8. Comment s'appelle l'équipe la plus célèbre du Canada? (1)
9. Son uniforme est de quelle couleur? (3)
10. Combien de fois est-ce qu'ils ont gagné la Coupe Stanley? (1)

2 Complétez le questionnaire. Notez les choses que vous aimez ou n'aimez pas.

	☺	☹
Sport	....	....
Activité	....	....
Sorte de musique	....	....
Animal	....	....

3 Écrivez un e-mail à Isabelle. Répondez à toutes ses questions.

```
Fichier  Édition  Affichage  Insertion  Format  Outils  Message
Répondre   Répondre à tous   Transférer

Et toi, qu'est-ce que tu aimes faire pendant ton temps
libre? Qu'est-ce que tu as fait le week-end dernier?
Quel est ton sport préféré?
Est-ce que tu es allé au cinéma récemment?
Quand est-ce que tu vas venir en France?
Écris-moi bientôt.
Isabelle
```

À toi!

MODULE 4 — Au boulot

Le monde du travail à l'avenir: *mythe ou réalité?*

1 On restera à la maison pour travailler.

La création du web veut dire qu'on peut rester en contact avec sa compagnie et ses collègues sans quitter sa propre maison. Communiquer, choisir, acheter, vendre, tout peut se faire grâce au courrier électronique et aux sites de web de plus en plus sophistiqués.

2 Le chômage deviendra de pire en pire.

C'est vrai que les industries traditionnelles sont en train de disparaître, mais les machines ne remplaceront jamais les gens dans les hôpitaux, les écoles et les autres domaines de service.

3 On ne fera plus un métier pour la vie.

Les jeunes doivent être prêts à changer, à suivre des formations différentes à des âges différents, et à s'adapter quand c'est nécessaire.

4 On fera moins de travail, et aura plus de loisirs ...

Le travail à temps partiel et le partage de poste restent assez populaires. Pourtant, en Europe et aux États-Unis, on continuera à travailler pendant les heures traditionnelles.

1a Faites correspondre le titre et le bon paragraphe.

   a On changera de métier pendant sa vie.
   b Il ne sera pas nécessaire de quitter la maison pour travailler.
   c On aura plus de temps libre.
   d Il y aura de plus en plus de gens sans travail.

1b Répondez aux questions en anglais

   1 Will people stay at home to work in the future? (1)
   2 What is the main reason for this? (1)
   3 What 4 examples of e-mail commerce are given? (4)
   4 Will unemployment get worse in the future? (1)
   5 What is the reason for this? (3)
   6 Will people do the same job all their lives in the future? (1)
   7 What 3 things must young people be prepared to do? (3)
   8 What is the fourth point discussed in the article? (1)
   9 What 2 methods of working will remain quite popular? (2)
   10 Will the working day change in Europe and America? (1)

2 Vous faites votre stage dans un bureau en France. Vous écrivez un e-mail à votre professeur de français. Il faut mentionner:

- où vous travaillez
- comment vouz trouvez le stage
- pourquoi
- quand vous rentrez au collège

3 Écrivez une lettre en français au directeur du Monde de la Musique. Il faut mentionner:

- pourquoi vous écrivez
- vos détails personnels
- la sorte de musique que vous préférez
- votre expérience précédente
- quand vous pourrez travailler

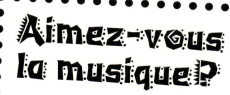

111, boulevard Legros
31000 TOULOUSE
tel 05-48-78-96-02

Ma ville

5 IDÉES FACILES POUR SAUVER L'ENVIRONNEMENT

1. Prends une douche!
Quand tu te douches, tu utilises 20 litres d'eau par minute. Par contre, un bain, c'est facilement 200 litres d'eau. Si tu prends des douches rapides au lieu de bains, tu économiseras une bonne quantité d'eau, aidant donc à protéger nos rivières, nos lacs et nos océans.

2. Achète un sapin de Noël vivant!
Des millions d'arbres sont abattus à Noël chaque année. Cette année, achète un arbre vivant dans un pot. Après Noël, laisse le sapin dans son pot dans le garage. Au printemps, tu peux planter ton sapin dans le jardin jusqu'à Noël prochain.

3. Conserve des ressources!
Nous jetons beaucoup: nous devons recycler. Cherche dans ton armoire, dans la cave, même sous ton lit ... tu trouveras plein de choses que tu n'aimes plus. Les organisations charitables seront très contentes de recevoir tes anciennes affaires, et tu feras moins de déchets, ce qui aide à conserver des ressources précieuses.

4. Dis 'non' aux lancers de ballons!
Sais-tu que les ballons posent un risque aux animaux marins? Quand on fait un lancer de ballons, le vent peut emporter les ballons vers la mer, même si la mer est à des centaines de kilomètres. Les animaux marins, y compris les baleines, prennent les ballons pour de la nourriture, les mangent et meurent.

5. 'Pas de sac, s'il vous plaît!'
Dans les magasins, on reçoit un sac avec tout. Mais les sacs en papier viennent des arbres, et les sacs en plastique, du pétrole. Leur fabrication augmente la pollution. Quand on t'offre un sac à la caisse, dis simplement 'Non merci'.

1a Faites correspondre le paragraphe et l'image.

| abattus | *felled* |

À toi!

 1b Trouvez la bonne fin pour chaque phrase.

1. Si on prend une douche au lieu d'un bain, …
2. Si on achète un sapin de Noël vivant, …
3. Si on recycle ses affaires, …
4. Si on ne participe pas aux lancers de ballons, …
5. Si on n'accepte pas les sacs dans les magasins, …

a. on protège les arbres.
b. on protège les animaux marins.
c. on économise l'eau.
d. on n'encourage pas la pollution.
e. on fait moins de déchets.

1c Copiez et complétez les blancs.

Une sixième idée pour ▬▬ l'environnement: recycle le verre! Il y a du verre ▬▬ : les miroirs, les bouteilles, les anciennes ▬▬ , mais nous jetons presque ▬▬ le verre que nous employons. Recycler le verre économise l'▬▬ et protège les ressources ▬▬ . Apporte tes bouteilles ▬▬ au centre de recyclage, et ne mets ▬▬ de verre à la poubelle.

> partout
> vides   tout
>   jamais
> énergie
>   protéger
> naturelles
>   lunettes

 2 Choisissez une ville que vous connaissez bien. Copiez et complétez la fiche.

Nom de la ville:
Situation:
Description:
Transport:
Distractions touristiques (au moins 3):
Loisirs (au moins 3):
Opinion personnelle:

 3 Répondez au sondage. Il faut mentionner tous les détails.

Sondage: Nos lecteurs, nos lectrices, où habitent-ils?

Nous savons bien que nos fans viennent d'un peu partout … mais où habites-tu? Écris-nous pour nous parler de ton village/ta ville …

Dis-nous:
- où tu habites
- où ça se trouve
- ce qu'on peut y faire

Parle-nous:
- d'une sortie récente dans ta ville/ton village
- d'où tu voudrais habiter à l'avenir

Les meilleures descriptions seront publiées! Bonne chance!

À toi!

Aux magasins

1 Repondez à ces questions en anglais.

1. What does this sign on the door of a shop tell you?
2. When is this shop open?
3. What will you find if you follow this sign?
4. What bargain does this sign tell you about?
5. What does this sign on a shop door say?
6. What do you get for 0.90€?
7. What does this notice say?
8. What costs 68,60€?
9. What does it say on the label of this jumper?
10. What does this sign on a shop door say?

2 Copiez et complétez la grille.

Magasin	On peut y acheter	
	1	2
Pharmacie	aspirine	sirop
Boulangerie		
Magasin de vêtements		
Boucherie		
Poste		
Magasin de musique		
Épicerie		

156 cent cinquante-six

3 Votre petite sœur s'interesse à cette offre. Prenez des notes en anglais pour répondre à ses questions.

1. What can I keep in the mini rucksack? (4)
2. What is it made of, and what colours does it come in? (4)
3. How many vouchers from Méli-mélo do I need? (1)
4. What else do I need to send? (4)
5. When does the offer expire? (1)

OFFRE SPÉCIALE!

... avec les céréales Méli-mélo

MINI SAC À DOS

Dans ce sac à dos, tu peux garder toutes tes petites affaires: ton argent de poche, tes billets de bus, ta carte d'identité, même ton mouchoir …

Tout petit et en plastique, il existe en trois couleurs: rose foncé, bleu marine, ou noir.

Nom: ....
Adresse: ....
....

Méli-mélo 1

Si tu veux t'acheter ce super mini-cadeau, il faut collectionner 3 bons des paquets de Méli-mélo. Envoie-les avec un chèque de 6,40€, et 3 timbres à 4,60€, à Méli-mélo, 134 avenue Foch, 75340 Paris. N'oublie pas d'attacher ton nom et ton adresse.

Offre valable jusqu'au 31 décembre.

4 Écrivez une lettre à Jean-Christophe. Répondez à toutes ses questions.

Béziers, le 2 mars

Salut!

Merci de ta lettre.

C'était comment, ta visite à Oxford Street? Qu'est-ce que tu as acheté?

Est-ce qu'il y a beaucoup de magasins dans ta ville? Quelle sorte de magasin est-ce que tu préfères?

Ce week-end, je vais faire mes devoirs. Qu'est-ce que tu vas faire ce week-end?

Amitiés

Jean-Christophe

À toi!

À toi!

 **En vacances**

 1 Regardez les panneaux. Indiquez si les phrases sont vraies ou fausses.

1. On peut regarder la télévision au rez-de-chaussée.
2. Il est préférable de garer la voiture dans le parking de l'hôtel.
3. Il faut laisser la clé à la réception si on sort.
4. On change les serviettes automatiquement.
5. On ne peut pas prendre le dîner à l'hôtel.
6. L'hôtel accepte les cartes de crédit.
7. On peut trouver du dentifrice à la réception.
8. On peut prendre le petit-déjeuner à 10h10.

a Vous sortez? Prière de laisser votre clé à la réception.

b Le petit-déjeuner est servi de 6h30 à 10h.

c La salle de télévision se trouve au rez-de-chaussée à côté de la réception.

d Pensons à l'environnement! Réutilisez vos serviettes. Laissez vos serviettes par terre dans la salle de bains si vous voulez qu'on les change.

e Pension complète? Demandez à la réception.

f Nous n'acceptons pas les cartes de crédit.

g Garez-vous au parking de l'hôtel.

h Si vous avez besoin d'une brosse à dents ou de dentifrice, demandez à la réception.

 2 Qu'est-ce que Caroline a fait en vacances? Complétez les phrases en français. Utilisez les images.

Exemple:
Caroline (voyager) en
Caroline a voyagé en avion.

1. Caroline (aller) à la
   Caroline ▬▬▬ à la ▬▬▬ .

2. Elle (visiter) le
   Elle ▬▬▬ le ▬▬▬ .

3. Elle (faire) du
   Elle ▬▬▬ du ▬▬▬ .

4. Il y avait  et il faisait
   Il y avait ▬▬▬ et il faisait ▬▬▬ .

5. Le soir, elle (danser) avec ses
   Le soir, elle ▬▬▬ avec ses ▬▬▬ .

3a Regardez la brochure et répondez aux questions en français.

1. Où se trouve le village de vacances 'Le Blaireau'? (1)
2. Est-ce qu'on peut se baigner à 19h le 30 août? (1)
3. Qu'est-ce qu'on peut louer à la base nautique? (3)
4. Donnez deux autres loisirs qu'on peut faire ici. (2)
5. Est-ce que les chalets sont ouverts en hiver? (1)
6. Combien de lits est-ce qu'il y a dans chaque chalet? (1)
7. Est-ce qu'on peut aller au restaurant le jour de Noël? (1)
8. Donnez un exemple d'une spécialité du restaurant. (1)
9. Qu'est-ce qu'on peut manger comme dessert? (1)
10. Comment est-ce qu'on peut aller au village de vacances 'Le Blaireau'? (2)

Village de Vacances 'Le Blaireau'

Situé dans la vallée de la Garonne, ce village de vacances de 9 hectares vous offre sur place toutes les facilités et les avantages pour réussir vos vacances.

Base nautique
(ouvert de 9h à 18h du 1er juillet au 31 août)

Baignade surveillée
Location: planche à voile, pédalo, canoë-kayak.

Loisirs
- Pêche sur plan d'eau
- Tir à l'arc
- VTT
- Jeu de boules
- Aire de jeu pour les enfants
- Zones de pique-niques

Hébergement
(ouvert toute l'année)

Les 50 chalets indépendants ont un coin-cuisine équipée, une salle de bains avec douche/W-C, et une terrasse privée équipée d'un salon de jardin.
4 personnes: séjour avec canapé, 2 chambres avec deux lits jumeaux.

Restaurant
(ouvert de 8h à 1h du matin, du 1er mai au 31 août)

Le Restaurant du **Blaireau** vous propose des spécialités au feu de bois (demi-lapin grillé, pizza) et des plats combinés. Dans la salle de restaurant ou sur la terrasse qui donne sur le plan d'eau, vous pouvez également savourer les coupes de glace.

Accès
Accessible par l'A60, sorties 12 ou 13, ou par la gare SNCF.
Informations/Réservations:
tél: 05 77 43 43 21

3b Vous venez d'arriver chez vous après vos vacances au village de vacances 'Le Blaireau'. Utilisez la brochure et écrivez une lettre à votre correspondante Chloé. Il faut mentionner:

- comment était le village de vacances
- vos activités
- le temps
- quand vous êtes rentré(e)
- ce que vous allez faire pendant le reste de l'été

À toi!

Bienvenue en France

Ça me fait rire

1 Sylvie: Quel est le plat préféré des extra-terrestres?
Marc: Je ne sais pas.
Sylvie: Le spagh-E.T.

2 La sœur: As-tu vu mon hamster? Il a disparu!
Le frère: C'est bizarre! Il était là ce matin quand j'ai nettoyé sa cage avec l'aspirateur!

3 Jean se prépare à plonger dans la piscine.
'Attention!', crie le sauveteur. 'Il n'y a pas d'eau dans la piscine!'
'Ce n'est pas grave,' répond Jean. 'Je ne sais pas nager.'

4 Au restaurant
• 'Avez-vous des cuisses de grenouille?' demande la cliente.
• 'Oui, madame', répond le serveur.
• 'Mon pauvre! Si vous portez toujours un pantalon, ça restera un secret!'

5 La fille: 'Papa, je suis très contente de ne pas être née en Allemagne!'
Le père: 'Pourquoi?'
La fille: 'Parce que je ne parle pas l'allemand!'

6 Isabelle: 'Veux-tu voir quelque chose de drôle?'
Marie: 'Oui.'
Isabelle: 'Regarde dans le miroir!'

7 Au magasin:
• Je peux vous aider, madame?
• Je cherche un mouchoir pour mon mari.
• Oui, quelle est la taille de son nez?

8 Sébastien est très fier de son nouveau chien. Son ami lui demande:
• C'est quelle sorte de chien?
• C'est un chien policier.
• Mais il n'en a pas l'air!
• C'est parce que c'est un agent secret!

| le sauveteur | lifeguard |
| fier de | proud of |

 1 Trouvez l'image qui correspond à chaque histoire drôle.

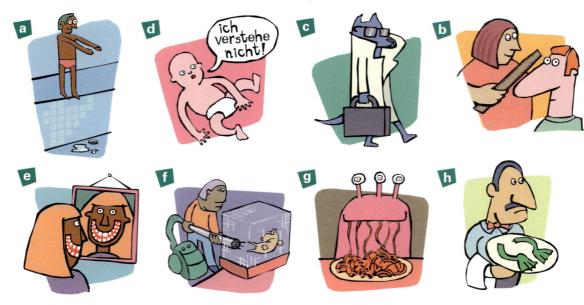

2 Copiez et complétez cette histoire drôle. Les mots qui manquent sont en bas.

Françoise et son amie Sandrine sont en _____ à la campagne. Elles ont mangé un _____ au bord d'une route où un autobus passe de temps en temps. Un fermier _____ dans son champ.
Françoise parle au fermier:
• Bonjour, _____ ! À quelle heure passe le bus pour Paris?
• À 14 _____ 20.
• Merci.
Après un certain temps, Françoise _____ au fermier:
• Et le bus pour Calais, il passe à _____ heure?
• À 18 heures 30.
Quelques minutes plus tard, Sandrine dit:
• _____, monsieur, à quelle heure passe l'autobus pour _____ ?

• À 21 heures, répond le _____, qui commence à se fâcher.
Au bout de quelques minutes, Françoise dit:
• Finalement, monsieur, à quelle heure _____ le bus pour Le Touquet?
• Demain à 7 heures! crie le fermier, _____
• Super! répond Françoise. On peut traverser la route sans danger!

travaille   passe   Boulogne
heures   monsieur   demande
fermier   quelle   furieux
vacances   pique-nique   pardon

se fâcher *to get angry*

3 Vous allez faire un échange en France. En français, faites une liste des cadeaux pour votre correspondant, Paul, et sa famille.

Personne	Cadeau
Paul	un livre
le père de famille	
la mère de famille	
frère de Paul (6 ans)	
sœur de Paul (21 ans)	
grand-mère de Paul	
grand-père de Paul	

4 Paul, vous a envoyé un e-mail. Répondez en français à toutes ses questions.

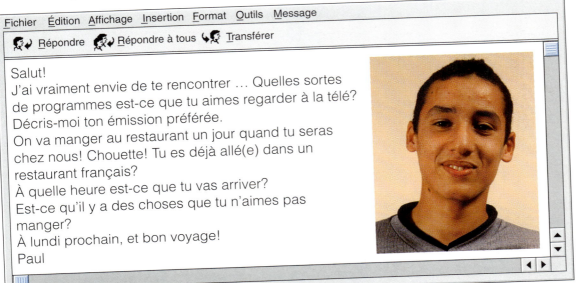

Salut!
J'ai vraiment envie de te rencontrer … Quelles sortes de programmes est-ce que tu aimes regarder à la télé? Décris-moi ton émission préférée.
On va manger au restaurant un jour quand tu seras chez nous! Chouette! Tu es déjà allé(e) dans un restaurant français?
À quelle heure est-ce que tu vas arriver?
Est-ce qu'il y a des choses que tu n'aimes pas manger?
À lundi prochain, et bon voyage!
Paul

À toi!

En bonne forme

CUISINE BONNE SANTÉ
Pipérade Basquaise

Ingrédients *(pour 4 personnes)*
- 6 œufs
- 1 poivron vert
- 1 poivron rouge
- 2 oignons
- 3 tomates
- 2 gousses d'ail
- 2 cuillerées à soupe d'huile d'olive
- Sel
- Poivre
- Un peu de persil haché

1. Couper les oignons, les poivrons, les tomates et l'ail en petits morceaux.
2. Faire chauffer l'huile d'olive dans une poêle.
3. Faire cuire les oignons, les poivrons et l'ail pendant 5 minutes.
4. Ajouter les tomates.
5. Faire mijoter pendant 25 minutes, à feu doux, en remuant de temps en temps.
6. Casser les œufs dans un bol avec le persil, et mélanger avec une fourchette.
7. Ajouter les œufs à la poêle, et faites cuire pendant 2 ou 3 minutes.
8. Ajouter du sel et du poivre.
9. Servir avec du pain et de la salade.

Bon appétit!

1a Quels ingrédients sont nécessaires? Notez les bonnes lettres.

1b Mettez les images dans le bon ordre.

 2 Vous faites votre stage en France. Mais vous n'allez pas très bien et devez rentrer à l'hôtel. Écrivez un message en français pour la patronne, Madame Genet. Il faut mentionner:

- où vous êtes allé(e)
- pourquoi
- comment Madame Genet peut vous contacter
- quand vous rentrerez

 3 Répondez en français à cet article. Il faut répondre à toutes les questions.

Es-tu en forme? On veut savoir!
Envoie-nous tes réponses à ces questions:
- Qu'est-ce que tu prends au petit-déjeuner?
- As-tu fait du sport récemment?
- Aimes-tu les fruits et les légumes?
- À quelle heure est-ce que tu te couches d'habitude?
- Qu'est-ce que tu vas faire ce week-end?

Écris-nous vite; les meilleurs articles gagneront 25€.

À toi!

Le transport

1 Regardez les panneaux et choisissez la bonne définition.

a L'eau est propre
b L'eau est sale

a On a le droit de fumer
b On n'a pas le droit de fumer

a Mettez votre billet dans la machine
b Donnez votre billet au conducteur

a L'autoroute A2 est ouverte
b On ne peut pas prendre l'autoroute A2

a On a le droit de laisser sa voiture ici
b On ne doit pas laisser sa voiture ici

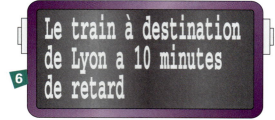

a Le train est à l'heure
b Le train n'est pas à l'heure

a Ceux qui prennent le train peuvent attendre ici
b Tout le monde peut attendre ici

a Si on achète 10 billets, ça coûte moins cher
b Si on achète 10 billets, ça coûte plus cher

a On peut acheter un billet ici
b On ne peut pas acheter un billet ici

a On a le droit de laisser sa voiture ici
b On ne doit pas laisser sa voiture ici

cent soixante-quatre

2 Votre correspondant(e) reste chez vous. Écrivez un message en français.

Il faut mentionner:
- qu'il y a une boum ce soir
- où est la boum et à quelle heure elle commence
- comment y aller
- comment vous rentrez chez vous

3 Vous faites votre stage à Paris. Vous avez pris un message d'un homme d'affaires anglais qui va visiter votre patronne, Madame Laraucou. Écrivez un message en français pour elle. Il faut donner tous les détails.

Phone messages

From:

Mr Milwright, Anglia Computers

Message:

Arriving 30th June 7.15 a.m., coming by plane.
Taxi from airport to Hôtel Gambetta. Staying 4 nights.
Wants directions from hotel to office. Visited Paris last year with family.
Likes going to concerts/museums.
Will he have some free time?

Grammaire

1. **Nouns**
    1.1 Gender
    1.2 Plurals
2. **Articles**
    2.1 'The'
    2.2 'A'
    2.3 'Some'
3. **Verbs**
    3.1 The infinitive
    3.2 The present tense
    3.3 The perfect tense
    3.4 The imperfect tense
    3.5 The near future tense
    3.6 The future tense
    3.7 The conditional tense
    3.8 Reflexive verbs
    3.9 The imperative
    3.10 The present participle
4. **Questions**
    4.1 Question words
    4.2 Intonation
    4.3 'Quel'
5. **Negatives**
    5.1 'Ne … pas'
    5.2 Other negatives
    5.3 'Ne … personne'
6. **Adjectives**
    6.1 Regular adjectives
    6.2 Irregular adjectives
    6.3 Beau, nouveau, vieux
    6.4 Position of adjectives
    6.5 Comparative and superlative
    6.6 'This', 'these'
    6.7 Possessive adjectives
7. **Pronouns**
    7.1 Subject pronouns
    7.2 Object pronouns
    7.3 'Y'
    7.4 'En'
    7.5 Pronouns after prepositions
8. **Prepositions**
    8.1 Prepositions
    8.2 'À'
    8.3 'To' or 'in' with names of places
9. **Numbers**
    9.1 Numbers
    9.2 First, second, third
10. **Days, dates and times**
    10.1 Days
    10.2 Dates
    10.3 Times

Verb tables
    Present tense of key irregular verbs
    Present tense of other irregular verbs

1 Nouns

Nouns are naming words. They are used to name things (chien *dog*, crayon *pencil*) people (tante *aunt*) and places (musée *museum*).

1.1 Gender

All French nouns are either **masculine** (m) or **feminine** (f).

Learning the gender of people is easy – men are masculine and women are feminine, e.g. le père (m), la mère (f).

But the gender of all other words must be learned by heart, e.g. la table (f), le stylo (m).

Entraînez-vous

Divide these words into two groups: masculine and feminine.

belle-sœur, frère, grand-mère, nièce, serveur, serveuse, table, stylo, rideau, concert, volley, veste, gomme, chat, chambre, avion, fromage, amie

1.2 Plurals

Plural means 'more than one'.

As in English, most French nouns add an **s** to show they are plural, e.g. des bonbon**s**, deux sœur**s**.

But nouns with the following endings are irregular and change like this.

Ending	Singular	Plural
-al	un cheval	des chevaux
-eu	le neveu	les neveux
-eau	un bateau	des bateaux

Entraînez-vous

Form the plural.

1 une chaussette des …
2 un cinéma des …
3 un cadeau des …
4 un cheveu des …
5 un animal des …

2 Articles

There are various small words (e.g.: the, a, some) which come before nouns. These are known as 'articles'.

2.1 'The'

The three words for 'the' are: **le** (m), **la** (f), **les** (plural).

Masculine	Feminine	Plural
le	la	les
l'	l'	

le vélo *the bike*, la voiture *the car*
les trains *the trains*

Attention: **Le** and **la** shorten to **l'** before a vowel or a mute 'h'. E.g.:

l'autobus *the bus,*

The words for 'the' are used:

- to translate the word 'the', e.g.:
  le chat est dans le salon.
  The cat is in the sitting room.
- when talking about likes and dislikes, e.g.:
  J'aime le foot et le tennis.
  I like football and tennis.
- when talking about something in general terms, e.g.:
  Les professeurs sont intelligents.
  Teachers are intelligent.
- before the names of countries, e.g.:
  La France est un beau pays.
  France is a beautiful country.

Entraînez-vous

Fill in the gaps with **le**, **la** or **les**.

1 Je n'aime pas … tennis.
2 … professeurs sont mal payés.
3 Il est sur … table.
4 … Canada est un très beau pays.
5 Passe-moi … pain, s'il te plaît.

2.2 'A'

The word for 'a' or 'one' is either **un** (m) or **une** (f). E.g.:

un vélo *a bike*, une voiture *a car*
Un monocycle
  a une roue.
*A unicycle has
  one wheel.*

Entraînez-vous

Translate these phrases using either **un** or **une**.

1 one brother
2 a dress
3 one shop
4 a station
5 a present

2.3 'Some'

The words for 'some' are **du** (m), **de la** (f), **des** (plural).

Masculine	Feminine	Plural
du	de la	des
de l'	de l'	

du coca *some cola*, de l'eau *some water*,
de la salade *some salad*, des bananes *some bananas*

Attention: Use **de l'** before a vowel or a mute 'h'.

The words for 'some' are used:

- when translating the word 'some', e.g.:
  Donne-moi du papier. *Give me some paper.*
- when there is no article in English, e.g.:
  J'ai acheté du pain et de la glace. *I bought bread and ice-cream.*

cent soixante-sept

Grammaire

Entraînez-vous

Choose the correct ending. Remember to check if the noun is masculine or feminine, singular or plural.

1. Passe-moi du … pain/tomates.
2. J'ai mangé de la … haricots/tarte.
3. Avez-vous des … stylos/crayon?
4. Est-ce qu'il y a du … papier/cahiers?
5. Je prends de l' … café/eau minérale.

3 Verbs

Verbs are doing words, e.g. jouer *to play*, aller *to go*, sentir *to feel*.

3.1 The infinitive

This is the verb in its unchanged form, as you would find it listed in the dictionary, e.g.: regarder *to watch*, finir *to finish*, être *to be*. There are some instances where you can use the infinitive form as it is. However, most of the time, you need to change the infinitive to agree with the subject and to show the tense (see below).

You use the infinitive:

- after the following expressions:
  Il faut *it is necessary to, you have to*
  E.g.: Il faut changer. *You have to change.*
  Il est interdit de *It is forbidden to*
  E.g.: Il est interdit de fumer. *You are not allowed to smoke.*

- after these verbs:
  adorer *to adore*
  aimer *to like*
  détester *to hate*
  devoir *to have to*
  pouvoir *to be able to*
  préférer *to prefer*
  vouloir *to want to*
  aider à *to help to*
  apprendre à *to learn to*
  commencer à *to start to*
  continuer à *to continue to*
  encourager à *to encourage to*
  choisir de *to choose to*
  décider de *to decide to*
  essayer de *to try to*
  proposer de *to suggest*
  refuser de *to refuse to*

- E.g.: On peut aller à la pêche. *One can go fishing.*
  J'aime nager. *I like swimming.*
  Il a commencé à pleuvoir. *It started to rain.*

- After the word 'pour' *in order to.*
  Je fume pour avoir plus de confiance en moi. *I smoke in order to have more self-confidence.*

Entraînez-vous

Copy the sentences and underline the infinitive. Then translate them into English.

1. Il faut attendre ici.
2. On peut visiter le château.
3. Je dois rester à la maison.
4. J'essaie de faire du sport tous les jours.
5. Je prépare les ingrédients pour faire une omelette.

3.2 The present tense

The present tense is used to talk about:

- what is happening now
- what usually happens.

E.g.: je regarde *I watch* or *I am watching*

Regular verbs

The formation of regular verbs follows a pattern. Take the ending off the infinitive (e.g. take away **-er**, **-ir**, or **-re**), and add on the correct ending as shown:

-er verbs (e.g. regard**er** *to watch*)

je regard**e**	nous regard**ons**
tu regard**es**	vous regard**ez**
il/elle/on regard**e**	ils/elles regard**ent**

168 cent soixante-huit

-ir verbs
(e.g. fin**ir** *to finish)*

je fin**is**	nous fin**issons**
tu fin**is**	vous fin**issez**
il/elle/on fin**it**	ils/elles fin**issent**

-re verbs
(e.g. attend**re** *to wait)*

j'attend**s**	nous attend**ons**
tu attend**s**	vous attend**ez**
il/elle/on attend	ils/elles attend**ent**

Irregular verbs

These verbs have their own unique pattern, and must be learned by heart. See verb tables on page 179.

> *Entraînez-vous*
>
> Refer to the regular verb patterns above, then change these infinitives. Give two present tense meanings for each verb. E.g.: je (ranger) je range (*I tidy, I am tidying*)
>
> 1 tu (habiter)   4 vous (finir)
> 2 on (descendre)   5 elles (attendre)
> 3 nous (décider)

Depuis

The word 'depuis' is used to say how long something has been happening, e.g.:

> Je regarde la télé depuis 50 minutes.
> *I have been watching TV for 50 minutes.*

It is used with the present tense, e.g.:

> Je suis membre du club depuis trois ans.
> *I have been a member of the club for three years.*

3.3 The perfect tense

The perfect tense is used to talk about something which happened in the past, e.g.:

> J'ai regardé *I watched* or *I have watched.*

Two parts are needed to form the perfect tense:
- the **present tense** of the verb **avoir** or **être**
- the **past participle** of the main verb

Avoir verbs

The vast majority of verbs form their perfect tense with **avoir**.

avoir (present tense)

j'ai	nous avons
tu as	vous avez
il/elle/on a	ils/elles ont

Regular verbs

The **past participle** of the main verb is formed as follows.

-er verbs: take off **-er** and add **–é**,
e.g. regardé *watched*

-ir verbs: take off **-r**, e.g. fini *finished*

-re verbs: take off **-re** and add **–u**,
e.g. attendu *waited*

Irregular verbs

The past participle of irregular verbs needs to be learned by heart.

j'ai **bu** *I drank*	j'ai **dû** *I had to*
j'ai **connu** *I knew*	j'ai **voulu** *I wanted*
j'ai **cru** *I believed*	j'ai **été** *I was*
j'ai **eu** *I had*	j'ai **fait** *I made/did*
j'ai **lu** *I read*	j'ai **pris** *I took*
j'ai **su** *I knew*	j'ai **mis** *I put*
j'ai **vu** *I saw*	j'ai **conduit** *I drove*
j'ai **pu** *I could*	j'ai **écrit** *I wrote*
j'ai **appris** *I learned*	
j'ai **compris** *I understood*	

Expressions with avoir

These expressions use the verb '**avoir**' in French where English uses '**to be**':

> avoir chaud *to be hot*   avoir froid *to be cold*
> avoir faim *to be hungry* avoir soif *to be thirsty*
> avoir … ans *to be … years old*
> avoir peur *to be afraid*

E.g.: J'ai faim *He is hungry*
      J'avais peur *I was frightened*

Être verbs

Thirteen verbs form their perfect tense with **être**.

être (present tense)

| je suis | nous sommes |

cent soixante-neuf

tu es	vous êtes
il/elle/on est	ils/elles sont

The perfect tense of être verbs is formed with the present tense of **être** + the **past participle** of the main verb.

> je suis **allé(e)** *I went*   je suis **parti(e)** *I left*
> je suis **venu(e)** *I came*   je suis **resté(e)** *I stayed*
> je suis **monté(e)** *I went up*
> je suis **descendu(e)** *I went down*
> je suis **arrivé(e)** *I arrived*
> je suis **né(e)** *I was born*
> je suis **mort(e)** *I died*   je suis **tombé(e)** *I fell*
> je suis **entré(e)** *I entered*
> je suis **sorti(e)** *I went out*
> je suis **retourné(e)** *I went back*

Reflexive verbs also use **être**.

> Je me suis couché(e) à minuit. *I went to bed at midnight.*

Attention: With **être** verbs in the perfect tense, add **-e** to the past participle for feminine, add **-s** for plural, and add **-es** for feminine plural, e.g.:

> Elle est parti**e**. *She left.*
> Marie et Laure sont sorti**es**. *Marie and Laure went out.*

Entraînez-vous

Write each verb in the perfect tense; then write what it means. E.g.: Je + (regarder) J'ai regardé. *I watched, I have watched.*

1. Tu + (aider)
2. On + (boire)
3. Nous + (voir)
4. Vous + (faire)
5. Elle + (prendre)

Entraînez-vous

Complete these perfect tense verbs with the right part of être. Then write what they mean. E.g.: Elles … parties. Elles sont parties. *They left, they have left.*

1. Vous … nés
2. Elle … venue
3. Ils … retournés
4. Nous … montés
5. Tu … arrivé

3.4 The imperfect tense

The imperfect tense is used to:
- describe what things were like in the past
- say what was happening at a given moment
- say what used to happen.

> Je regardais *I was watching* or *I used to watch*

The following imperfect endings are a sign that the imperfect tense is being used.

Imperfect endings

je	-ais	nous	-ions
tu	-ais	vous	-iez
il/elle/on	-ait	ils/elles	-aient

> J'avais un chien. *I used to have a dog.*
> Il faisait beau. *The weather was nice.*

Attention: For **être** (*to be*), the imperfect endings are added onto the stem, **ét-**.

> J'étais triste. *I was sad.*
> C'était chouette. *It was great.*

Entraînez-vous

What were the suspects doing when the murder was committed? Translate the alibis. E.g.: Je passais l'aspirateur. *I was doing the hoovering.*

1. Je faisais mes devoirs.
2. Je jouais aux cartes avec des amis.
3. Je mangeais un hamburger chez MacDo.
4. Je me douchais.
5. J'étais au cinéma.

3.5 The near future tense

The near future tense is used to talk about what is *going to happen* in the future.

> Je vais regarder. *I am going to watch.*

It is formed from:
- the present tense of the verb **aller**
- the infinitive of the main verb.

> Je vais aller au cinéma.
> *I'm going to go to the cinema.*
> Elle va avoir un bébé.
> *She's going to have a baby.*

Entraînez-vous

Write the verb in the near future tense, then complete the sentence so that it makes sense. E.g.: Je (finir) …   Je vais finir mes devoirs.

1 Je (manger)
2 Tu (faire)
3 Il (aller)
4 Nous (sortir)
5 Vous (jouer)

Entraînez-vous

Translate the fortune-teller's predictions.

1 Vous travaillerez en Afrique.
2 Vous achèterez une Ferrari.
3 Vous vous marierez à l'âge de 30 ans.
4 Vous aurez cinq enfants.
5 Vous ferez le tour du monde.

3.6 The future tense

The future tense is used to talk about what *will happen* in the future.

> Je regarderai
> *I will watch*

It is formed by adding the future tense ending onto the future stem.

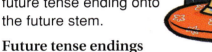

Future tense endings

Future endings

je	-ai	nous	-ons
tu	-as	vous	-ez
il/elle/on	-a	ils/elles	-ont

Future tense stems

Regular verbs:

For regular **-er** and **-ir** verbs the future tense stem is the same as the infinitive.

For regular **-re** verbs, the future stem is formed by taking off the final **-e**.

Irregular verbs:

For irregular verbs, the future tense stems need to be learned by heart.

Verb	Future tense stem
aller	**ir-**
être	**ser-**
avoir	**aur-**
faire	**fer-**

e.g.: Tu visiteras *You will visit*
Nous aurons *We will have*

3.7 The conditional tense

The conditional tense is used to say what *would happen* in the future.

> Je regarderais *I would watch*

It is formed by adding imperfect endings to the future stem.

> J'**irais** en Amerique, si j'étais riche.
> *I would go to America if I were rich.*
> Elles **voudraient** rester à la maison.
> *They would like to stay at home.*

Entraînez-vous

What would you do if you won the Lottery? Complete each sentence.

1 J'achèterais …
2 Je visiterais …
3 J'habiterais …
4 J'irais …
5 J'aurais …

3.8 Reflexive verbs

These are normal verbs but, as well as having the usual pronouns *je, tu, il/elle/on, nous, vous, ils/elles*, they have an extra pronoun. The reflexive pronouns are **me**, **te**, **se**, **nous**, **vous**, **se**. A reflexive verb is written with 'se' before the infinitive. E.g.:

se coucher *to go to bed.*

je **me** couche	nous **nous** couchons
tu **te** couches	vous **vous** couchez
il/elle/on **se** couche	ils/elles **se** couchent

In the perfect tense, reflexive verbs go with **être**, and the reflexive pronoun comes before the part of être, e.g.: Nous **nous** sommes bien amusés. *We enjoyed ourselves.*

cent soixante et onze

Entraînez-vous

Write out each verb in the present tense, then translate it into English, e.g.: Je (se coucher)   Je me couche *I go to bed.*

1 tu (s'amuser)
2 il (se lever)
3 elle (s'appeler)
4 on (se laver)
5 ils (s'arrêter)

3.9 The imperative

The imperative form of the verb is used to tell somebody what to do. It is a command or instruction.

> Regarde! Regardez! *Look!*

When speaking to people you would call 'tu', use the 'tu' form of the verb, e.g.: Vas! *Go!* For **-er** verbs only, take off the final **-s**, e.g.: Regarde! *Look!*

When speaking to people you would call 'vous', use the 'vous' form of the verb, e.g.: Regardez! *Look!*

Reflexive verbs need an extra part:

> Lève-**toi**. *Stand up!*
> Levez-**vous**! *Stand up!*

3.10 The present participle

The present participle is like '**-ing**' endings in English. So, **en + present participle** means 'while you were doing something'.

> E.g.: En regardant par la fenêtre j'ai vu Alex. *While I was **looking** out of the window I saw Alex.*

Present participles are formed by adding **-ant** to the end of the verb stem.

4 Questions

4.1 Question words

Qui? *Who?*   Où? *Where?*
Quand? *When?*   Que? *What?*
Comment? *How?*
À quelle heure? *At what time?*
Combien? *How much? How many?*
Combien de temps? *How long?*
D'où? *From where?*
Pourquoi? *Why?*

Entraînez-vous

Choose the correct answer to each question:

1 Où habites-tu?   Paris./Trois ans.
2 Quand est-ce qu'on part?
                             Le 21 juin./En train.
3 Qui a fait ce gâteau?   Muriel./Des œufs.
4 Comment voyages-tu?
                             À 4h14./En voiture.
5 D'où vient-elle?   De Londres./En France.

To use a question word to ask a question:
- put the question word at the end, raise your voice and add a question mark

> Il arrive à quelle heure? *At what time does he arrive?*
> Tu voyages comment? *How are you travelling?*

Attention: Don't put 'que' at the end of a sentence.

- put the question word at the beginning, and use '**est-ce que**' after it

> À quelle heure est-ce qu'il arrive?
> Comment est-ce que tu voyages?

- put the question word at the beginning, and change the order of the subject and verb.

> À quelle heure arrive-t-il?
> Comment voyages-tu?

Entraînez-vous

Ask your penfriend these questions, using any of the above methods. Write down your questions.

1 What time he is arriving.
2 When he is leaving.
3 What he prefers eating.
4 Why he is going to Paris.
5 How he is travelling there.

4.2 Intonation

You can ask questions which don't use a question word by:

- making the statement, raising the pitch of your voice and adding a question mark

    Il est malade? *Is he ill?*
    Paris est la capitale de la France?
    Is Paris the capital of France?

- using the phrase '**Est-ce que**' at the start of the sentence, raising the pitch of your voice and adding a question mark

    Est-ce qu'il est malade?
    Est-ce que Paris est la capitale de la France?

- changing the order of the subject and verb.

    Est-il malade?
    Paris est-elle la capitale de la France?

Entraînez-vous

Write these questions to your penfriend, using any of the above methods.

1 Do you like cheese?
2 Do you have a brother?
3 Do you watch 'Grandstand'?
4 Do you play basketball?
5 Have you visited London?

4.3 'Quel'

'Quel' means which/what and comes before a noun.

'Quel' changes like this:

	Masculine	Feminine
Singular	quel	quelle
Plural	quels	quelles

Quel est le jour? *What is the day?*
Quelle est la date? *What is the date?*
Quels sont tes passe-temps? *What are your hobbies?*
Quelles chaussures est-ce que tu préfères? *Which shoes do you prefer?*

Entraînez-vous

Choose **quel**, **quelle**, **quels** or **quelles**.

1 … fille?
2 … garçon?
3 … livres?
4 … dames?
5 … homme?

5 Negatives

5.1 'Ne … pas'

'Ne … pas' forms a sandwich round the main verb and means 'not'.

> Elle **ne** regarde **pas**. *She is not watching.*
> Je **ne** voudrais **pas** aller en France.
> *I would not like to go to France.*

Attention: Ne becomes n' before a vowel or a mute 'h'.

> Je **n'**ai **pas** d'animal. *I do not have a pet.*

In the perfect tense, 'ne … pas' forms a sandwich round the part of avoir or être.

> Je **n'**ai **pas** visité l'Amérique. *I have not visited America.*
> Tu **n'**es **pas** sorti(e) hier soir? *Didn't you go out last night?*

After '**pas**', **du**, **de la**, **un**, **une** and **des** become '**de**'.

> Je n'ai pas de frères. *I haven't got any brothers.*
> Il n'y a pas de piscine. *There isn't a swimming pool.*

Entraînez-vous

Make these sentences negative using 'ne pas'.

1 Je vais à la plage.
2 J'ai un stylo.
3 J'ai bu du coca.
4 J'ai fait mes devoirs.
5 Je suis arrivé(e) à l'heure.

5.2 Other negatives

These work in the same way as 'ne ... pas'.

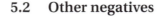

ne ... jamais *never*
ne ... que *only*
ne ... plus *no longer*
ne ... rien *nothing*
ne ... ni ... ni *neither nor*
ne ... aucun *not a single, none at all*

> Elle n'habite plus ici. *She doesn't live here any more.*
> Je n'ai rien mangé. *I didn't eat anything.*

Entraînez-vous

Translate these sentences.

1 Je n'ai rien bu.
2 Il n'y a ni cinéma ni piscine dans la ville.
3 Je n'ai aucune idée.
4 Je n'ai que 10€.
5 Je ne suis jamais allée en Belgique.

5.3 'Ne ... personne'

'Ne ... personne' means 'nobody'.

> Je n'aime personne.
> *I like nobody. / I do not like anybody.*

Look out for sentences with personne at the start:

> Personne n'est venu à la boum.
> *Nobody came to the party.*
> Qui est absent? Personne!
> *Who is absent? Nobody!*

6 Adjectives

Adjectives are describing words, e.g.: bleu *blue*, heureux *happy*, ennuyeux *boring*.

6.1 Regular adjectives

Adjectives add endings which *agree* with the gender and number of the noun(s) being described.

Add **-e** to a feminine noun   Ma chambre est grand**e**. *My bedroom is big.*
Add **-s** to a masculine plural noun   Mes livres sont intéressant**s**. *My books are interesting.*
Add **-es** to a feminine plural noun   Ses chaussures sont vert**es**. *His shoes are green.*

Entraînez-vous

Add an ending to the adjective if needed.

1 Ma chambre est (petit).
2 Mon frère est (intelligent).
3 Les magasins sont (fermé).
4 Mes sœurs sont (amusant).
5 Ma ville est (animé).

6.2 Irregular adjectives

1 Adjectives which already end in **-e** do not add an extra **-e**.

> Elle est rouge. *It is red.*

2 Adjectives with one of these endings change as follows.

Ending (m)	Change (f)	Example
-eux/-eur	-euse	Il est heureux. Elle est heureuse.
-il/-el	-ille/-elle	Il est gentil. Elle est gentille.
-ien	-ienne	Il est italien. Elle est italienne.
-er	-ère	Il est cher. Elle est chère.
-aux	-ausse	Il est faux. Elle est fausse.
-f	-ve	Il est sportif. Elle est sportive.
-s	-sse	Il est gros. Elle est grosse.

3 These adjectives never change.

chic *smart*   cool *cool*
extra *great*   génial *brilliant*
super *super*   marron *brown*

> *Entraînez-vous*
> Choose the right adjective.
> 1 Ma mère est (heureux/heureuse).
> 2 Mes frères sont (italiens/italiennes).
> 3 Les filles sont (actifs/actives).
> 4 Elle est (gentille/gentilles).
> 5 Ma sœur est (intelligent/intelligente).

6.3 Beau, nouveau, vieux

These adjectives follow a special pattern.

Masculine	Masculine plural	Feminine	Feminine plural
beau	beaux	belle	belles
nouveau	nouveaux	nouvelle	nouvelles
vieux	vieux	vieille	vieilles

Attention: If the noun being described is masculine singular and begins with a vowel or mute 'h', use the form **bel**, **nouvel**, or **vieil**.

> une nouvelle maison *a new house*
> les beaux garçons *the handsome boys*
> un vieil arbre *an old tree*

> *Entraînez-vous*
> Change the adjective, if necessary.
> 1 la (nouveau) maison
> 2 les (vieux) livres   4 les (vieux) maisons
> 3 la (beau) fille   5 le (beau) homme

6.4 Position of adjectives

Most adjectives come after the noun.
> une veste bleue *a blue jacket*
> un livre allemand *a German book*

But these short, common adjectives come before the noun.

petit *small*	grand *big*
bon *good*	mauvais *bad*
nouveau *new*	vieux *old*
beau *nice*	ancien *former*
autre *other*	jeune *young*

> *Entraînez-vous*
> Put the adjective in the right place.
> 1 des filles (intelligentes)
> 2 un ballon (autre)
> 3 une rue (petite)
> 4 des maisons (énormes)
> 5 des chaussettes (vieilles)

6.5 Comparative and superlative

Adjectives can be used to compare things with each other, e.g.: 'Sara is tall, Anna is taller, Marie is the tallest.'

plus … (que) *more … (than)*
moins … (que) *less … (than)*
aussi … (que) *just as … (as)*

> Marie est plus grande que Sara.
> *Marie is taller than Sara.*
> Marie est la plus grande.
> *Marie is the tallest.*
> C'est le garçon le plus intelligent de la classe. *He's the most intelligent boy in the class.*

> *Entraînez-vous*
> Translate these sentences.
> 1 Marie est moins grande que Paul.
> 2 Je suis plus cool que Paul.
> 3 Qui est le garçon le plus bête de la classe?
> 4 Parlez plus lentement, s'il vous plaît.
> 5 Elle est partie aussi vite que possible.

6.6 'This', 'these'

'This' and 'these' are demonstrative adjectives. They come before a noun, and like other adjectives, they agree with the noun. The words for 'this' are **ce** (m), **cet** (m), **cette** (f). The word for these is **ces** (plural).

Masculine	Feminine	Plural
ce cet	cette	ces

cent soixante-quinze

Attention: Ce changes to **cet** before a vowel or a mute 'h'.

ce garçon *this boy*, cet homme *this man*, cette femme *this woman*, ces gens *these people*

Entraînez-vous

Fill in the gaps with **ce**, **cette**, **cet** or **ces**.

1 … chaussures sont belles.
2 Tu aimes … jean?
3 Je préfère … hôtel.
4 … stylo ne marche pas.
5 … église est magnifique.

6.7 Possessive adjectives

Possessive adjectives show who owns something. They come before the noun and agree with the noun (not the owner), e.g.: sa sœur *his/her sister*, son frère *his/her brother*.

Masculine	Feminine		Plural
my	mon	ma	mes
your (tu)	ton	ta	tes
his/her	son	sa	ses
our	notre	notre	nos
your (vous)	votre	votre	vos
their	leur	leur	leurs

Attention: Mon, **ton** or **son** is used before a feminine word starting with a vowel or 'h'.

Où est mon stylo? *Where's my pen?*
Elle adore sa chambre. *She loves her room.*
Il a perdu ses clefs. *He has lost his keys.*

Entraînez-vous

Translate these phrases.

1 our father   4 her sister
2 your (tu) parents 5 your (vous) mother
3 his sister

7 Pronouns

Pronouns stand in place of a noun, e.g.: it, her, we.

7.1 Subject pronouns

Pronoun	Use
je *I*	when speaking about yourself (becomes j' before a vowel)
tu *you*	when speaking to a friend, family member, child, young person, animal
il *he/it*	instead of a masculine noun
elle *she/it*	instead of a feminine noun
on *one, we*	to speak about people in general
nous *we*	
vous *you*	when speaking to more than one person, a stranger, an adult you don't know well
ils *they*	for more than one male, masculine nouns or a mixed group
elles *they*	for more than one female or a feminine noun

Entraînez-vous

Would you use **tu** or **vous** to talk to these people?

1 a stranger in the street
2 your penpal's little sister
3 an adult you meet on a campsite
4 a teenager you meet on a campsite
5 a group of friends

7.2 Object pronouns

An object pronoun stands in place of a noun which is the object of the sentence.

I like Peter. I like **him**.
Can you see the plane? Can you see **it**?
Look at those shoes! Look at **them**!

Object pronouns

Masculine nouns	Feminine nouns	Plural nouns
le *him/it*	la *her/it*	les *them*

The pronoun comes before all parts of the verb.

> Je la déteste. *I hate her* or *I hate it.*
> Nous l'avons mangé. *We ate it.*
> Je les ai laissés à la maison. *I left them at home.*

Attention:
- lui *to him/her*
- leur *to them.*

> Je lui ai dit de rester à la maison.
> *I told him to stay at home.*
> Elle leur donne des devoirs.
> *She gives them homework.*

Entraînez-vous
Translate these questions and answers:

1 Où est le gâteau? Nous l'avons mangé.
2 Tu as tes devoirs? Non, je les ai laissés à la maison.
3 Tu as vu ce film? Oui, je l'ai vu.
4 Tu as parlé au professeur? Oui, je lui ai parlé.
5 Est-ce qu'ils ont de l'argent? Oui, je leur ai donné 30€.

7.3 'Y'

'Y' means 'there'. It comes before all parts of the verb.

> J'y suis allé(e) hier. *I went there yesterday.*
> On y reste tout l'été. *We stay there all summer.*

7.4 'En'

'En' means some, any, of them. It comes before all parts of the verb.

> Il y en a dix. *There are ten of them.*
> Je n'en ai pas. *I haven't got any (of them).*

7.5 Pronouns after prepositions

After words like avec *with*, chez *at the house of*, you need to use:

moi *me*	nous *us*	toi *you*
vous *you*	lui *him*	eux *them (m)*
elle *her*	elles *them (f)*	
chez toi *at your house*	avec lui *with him*	

Entraînez-vous
Translate these phrases using the correct pronouns.

1 at my house   4 at our house
2 with her   5 with you
3 with them (m)

8 Prepositions

8.1 Prepositions

Prepositions tell you the position of something in relation to something else.

> Le bureau est contre le mur.
> *The desk is against the wall.*
> Le lapin est au milieu de la pelouse.
> *The rabbit is in the middle of the lawn.*

devant *in front of*
derrière *behind*
dans *in*
contre *against*
entre *between*
sur *on*
sous *under*
vers *towards*
chez *at the house of*
avec *with*

à côté de *next to*
au bout de *at the end of*
au fond de *at the back of*
au milieu de *in the middle of*
autour de *round*
de l'autre côté de *on the other side of*
en face de *opposite*

Entraînez-vous
Where did you see the criminal? Translate these phrases.

1 devant la poste
2 de l'autre côté de la rue Victor Hugo
3 en face du stade
4 dans l'autobus numéro 4
5 sous le pont

8.2 'À'

'À' means 'to' or 'at'. When **à** comes before **le**, you use **au**. When **à** comes before **les**, you use **aux**.

> Je vais au cinéma. *I go to the cinema.*
> Tournez à gauche aux feux. *Turn left at the lights.*

Entraînez-vous

Write out using **à**, **au** or **aux**.

1. à+ le cinéma
2. à+ la piscine
3. à+ les magasins
4. à+ les restaurants
5. à+ le marché

8.3 'To' or 'in' with names of places

- 'to' or 'in' + name of town = **à**
  Elle habite à Londres. *She lives in London.*
- 'to' or 'in' + names of region/country = **en**
  Il habite en Normandie en France.
  He lives in Normandy in France.
- 'to' or 'in' + name of masculine country = **au**
  Je vais au Portugal. *I'm going to Portugal.*

Entraînez-vous

Choose the right word for **to** or **in**.

1. Je vais … France.
2. Je passe mes vacances … Portugal.
3. J'habite … Glasgow.
4. Tu vas … Espagne?
5. Nous habitons … Canada.

9 Numbers

9.1 Numbers

1	un/une	11	onze
2	deux	12	douze
3	trois	13	treize
4	quatre	14	quatorze
5	cinq	15	quinze
6	six	16	seize
7	sept	17	dix-sept
8	huit	18	dix-huit
9	neuf	19	dix-neuf
10	dix	20	vingt

21	vingt et un
22	vingt-deux
30	trente
40	quarante
50	cinquante
60	soixante
70	soixante-dix
71	soixante et onze
72	soixante-douze
80	quatre-vingts
81	quatre-vingt-un
82	quatre-vingt-deux
90	quatre-vingt-dix
91	quatre-vingt-onze
92	quatre-vingt-douze
100	cent
101	cent un
200	deux cents
201	deux cent un
1000	mille

9.2 First, second, third

1ère premier/première *first*
2ème deuxième *second*
3ème troisième *third*

10 Days, dates and times

10.1 Days

In French, days of the week start with a small letter.

> lundi *Monday*
> mardi *Tuesday*
> mercredi *Wednesday*
> jeudi *Thursday*
> vendredi *Friday*
> samedi *Saturday*
> dimanche *Sunday*

Attention:

on Monday = lundi
> Je vais à Paris lundi. *I'm going to Paris on Monday.*

every Monday, on Monday**s** = le lundi/tous les lundis.
> Je vais à Paris le lundi.
> *I go to Paris every Monday.*

10.2 Dates

In French, months start with a small letter.

janvier *January*
février *February*
mars *March*
avril *April*
mai *May*
juin *June*
juillet *July*
août *August*
septembre *September*
octobre *October*
novembre *November*
décembre *December*

Attention:

on **the** 12th February = **le 12** février

> On est parti le 2 mars.
> *We left on the 2nd of March.*

10.3 Times

dix heures *10 o'clock*
dix heures et demie *half past ten*
dix heures et quart *quarter past ten*
dix heures moins le quart *quarter to ten*
dix heures cinq *five past ten*
dix heures moins cinq *five to ten*

à dix heures ***at** 10 o'clock*
il **est** dix heures *it **is** 10 o'clock*

Verb tables

Present tense of key irregular verbs

avoir *to have*

j'ai	nous avons
tu as	vous avez
il/elle/on a	ils/elles ont

être *to be*

je suis	nous sommes
tu es	vous êtes
il/elle/on est	ils/elles sont

aller *to go*

je vais	nous allons
tu vas	vous allez
il/elle/on va	ils/elles vont

faire *to do, to make*

je fais	nous faisons
tu fais	vous faites
il/elle/on fait	ils/elles font

Present tense of other irregular verbs

apprendre *to learn (see **prendre**)*

boire *to drink*

je bois	nous buvons
tu bois	vous buvez
il/elle/on boit	ils/elles boivent

comprendre *to understand (see **prendre**)*

conduire *to drive*

je conduis	nous conduisons
tu conduis	vous conduisez
il/elle/on conduit	ils/elles conduisent

connaître *to know (a person or place)*

je connais	nous connaissons
tu connais	vous connaissez
il/elle/on connaît	ils/elles connaissent

croire *to believe*

je crois	nous croyons
tu crois	vous croyez
il/elle/on croit	ils/elles croient

devoir *to have to*

je dois	nous devons
tu dois	vous devez
il/elle/on doit	ils/elles doivent

dormir *to sleep*

je dors	nous dormons
tu dors	vous dormez
il/elle/on dort	ils/elles dorment

écrire *to write*

j'écris	nous écrivons
tu écris	vous écrivez
il/elle/on écrit	ils/elles écrivent

lire *to read*

je lis	nous lisons
tu lis	vous lisez
il/elle/on lit	ils/elles lisent

mettre *to put*

je mets	nous mettons
tu mets	vous mettez
il/elle/on met	ils/elles mettent

partir *to leave*

je pars	nous partons
tu pars	vous partez
il/elle/on part	ils/elles partent

pouvoir *to be able to*

je peux	nous pouvons
tu peux	vous pouvez
il/elle/on peut	ils/elles peuvent

prendre *to take*

je prends	nous prenons
tu prends	vous prenez
il/elle/on prend	ils/elles prennent

revenir *to come back (see **venir**)*

savoir *to know*

je sais	nous savons
tu sais	vous savez
il/elle/on sait	ils/elles savent

sentir *to feel, smell*

je sens	nous sentons
tu sens	vous sentez
il/elle/on sent	ils/elles sentent

venir *to come*

je viens	nous venons
tu viens	vous venez
il/elle/on vient	ils/elles viennent

vouloir *to want*

je veux	nous voulons
tu veux	vous voulez
il/elle/on veut	ils/elles veulent

Vocabulaire

A
A levels	le bac
a.m.	du matin
about	environ
advertising	la publicité
again	encore une fois
against	contre
airport	l'aéroport (m)
you are allowed to …	on a le droit de …
also	aussi
I am	je suis
and	et
to answer the phone	répondre au téléphone
they are	ils/elles sont
art	le dessin
at	à
at my house	chez moi

B
baseball cap	une casquette
bathroom	la salle de bains
to be	être
beach	la plage
(green) beans	les haricots (verts) (mpl)
beard	une barbe
because	parce que
bed	un lit
bedroom	une chambre
Belgium	la Belgique
the best	le/la meilleur(e)
by bike	à vélo
bill	l'addition (f)
birthday	un anniversaire
black	noir(e)
block of flats	un immeuble
blonde	blond(e)
blouse	un chemisier
blue	bleu(e)
bookshop	la librairie
boring	ennuyeux/euse
break	la récré(ation)
brilliant!	genial!
brochure	une brochure
brother	un frère
brown	marron
brown hair	les cheveux bruns (mpl)
bus	un bus
to buy	acheter

C
café	un café
cake	un gâteau
to go camping	faire du camping
campsite	le camping
Canada	le Canada
can I …	est-ce que je peux …
canteen	la cantine
carrot	une carotte
cartoons	les dessins animés (mpl)
castle	le château
cat	le chat
cereal	les céréales (fpl)
chatty	bavard(e)
cheese	le fromage
chicken	le poulet
chips	les frites (fpl)
church	une église
cinema	le cinéma
to close	fermer
coat	le manteau
to have a cold	être enrhumé(e)
compulsory	obligatoire
computer	l'ordinateur (m)
concert	le concert
to continue	continuer
to cost	coûter
in the/to the country	à la campagne
crisps	les chips (mpl)
crossroads	le carrefour
curly	bouclé(e)
cute	mignon(ne)
to go cycling	faire du vélo

D
day	le jour
the day after tomorrow	après-demain
to deliver newspapers	distribuer les journaux
difficult	difficile
disco	la disco
dog	le chien
I don't like	je n'aime pas
double bed	un grand lit
drink	une boisson

E
early	de bonne heure
to earn	gagner
ears	les oreilles
easy	facile
egg	un œuf
English	l'anglais
every day	tous les jours
excuse me	excusez-moi
expensive	cher/ère
eyes	les yeux

F
family	la famille
is it far?	c'est loin?
father	le père
favourite	préféré(e)
first floor	le premier étage
fish	un poisson
to go fishing	aller à la pêche
fizzy	gaseux/euse
flat	un appartement
flu	la grippe
it's foggy	il fait du brouillard
on foot	à pied
for	pour
it is forbidden to …	il est interdit de …
France	la France
free	gratuit(e)
free time	le temps libre
French	le français
friends	les amis
in front of	devant
funny	marrant(e)
in the future	à l'avenir

G
game-show	un jeu télévisé
garden	le jardin
German	l'allemand
Germany	l'Allemagne
I get on well with	je m'entends bien avec
I get up	je me lève
I go/am going	je vais
he/she goes/is going	il/elle va
go up	monter
good at	fort(e) en
good-bye	au revoir
gram	une gramme
ground floor	le rez-de-chaussée

H
ham	le jambon
happy	content(e)
hard-working	travailleur/euse
he/she has	il/elle a
hate	je déteste
I have	j'ai
head	la tête
health	la santé
heart diease	les maladies cardiaques (fpl)
hello	bonjour
help	aider
her	son/sa/ses
his	son/sa/ses
history	l'histoire (f)
holiday job	un job
homework	les devoirs
to hoover	passer l'aspirateur
to go horse-riding	faire de l'équitation
hospital	l'hôpital (m)
it's hot	il fait chaud
hot chocolate	un chocolat chaud
hour	une heure
house	la maison
at my house	chez moi
at your house	chez toi
at X's house	chez X
how do I get to …	pour aller à …
how long	combien de temps
how much/many	combien

I
ice cream	une glace
ice rink	la patinoire
in	dans/à/en
indoors	à l'intérieur
inside	dedans
interesting	intéressant(e)
interview	un interview
he/she is	il/elle est
it is	c'est
is there	est-ce qu'il y a
it	il/elle
Italy	l'Italie

J
jam	la confiture
jeans	le jean
journey	le voyage
(orange) juice	un jus (d'orange)
jumper	un pullover

K
keep fit	garder la forme
kilogram	un kilo
kind	gentil/le
kitchen	la cuisine

L
(foreign) languages	les langues étrangères (fpl)

cent quatre-vingt-un

to last	durer
last year	l'année dernière
to lay the table	mettre la table
lazy	paresseux/euse
to leave	quitter/partir
lesson	un cours
lettuce	la salade
I like	j'aime
to live	habiter
London	Londres
to look like	ressembler à
lost property	les objets trouvés
lottery ticket	un billet de loterie
luggage lockers	la consigne automatique
lunch	le déjeuner

M

main course	le plat principal
make-up	le maquillage
to make your bed	faire son lit
map	une carte
market	le marché
maths	les maths
meat	la viande
medium-sized	moyen/ne
menu	la carte
(pocket) money	l'argent (de poche)
month	le mois
mother	la mère
motorway	une autoroute
museum	le musée
mushroom	un champignon
music	la musique

N

his/her name is	il/elle s'appelle
do you need …?	tu as besoin de …?
next	prochain(e)
next to	à coté de
next year	l'année prochaine
nice	sympa
night	une nuit
not bad	pas mal
notebook	un cahier
novel	un roman

O

office	le bureau
often	souvent
OK	d'accord
old	vieux
old-fashioned	démodé(e)
omelette	une omelette
opposite	en face de
outdoors	en plein air
outside	dehors

P

parking	le stationnement
pasta	les pâtes
pavement	le trottoir
PE	le sport/l'ÉPS
peas	les petits pois
pedestrian zone	une zone piétonne
pen	un stylo
pencil	un crayon
people	les gens
per person	par personne
pet	un animal
pink	rose
to play	jouer
police station	le commissariat
pollution	la pollution
potato	une pomme de terre
prescription	une ordonnance
present	un cadeau
public transport	les transports en commun

R

I read	j'ai lu
red hair	les cheveux roux
reduction	une réduction
return ticket	un aller-retour
rice	le riz
roundabout	le rond-point
rubber	une gomme
ruler	une règle

S

to save money	mettre de l'argent de côté
school	l'école
science	les sciences
at/to the seaside	au bord de la mer/à la mer
sea view	une vue sur la mer
secretary	un(e) sécretaire
to see	voir
selfish	égoïste
to serve customers	servir les clients
to share	partager
shop	un magasin
shopping centre	un centre commercial
shy	timide
sister	une sœur
to sit an exam	passer un examen
soap/TV series	le savon/un feuilleton
sometimes	parfois, quelquefois
I have a sore …	j'ai mal a …
southwest	le sud-ouest
Spain	l'Espagne
Spanish	l'espagnol
sports centre	le centre de sports
stadium	le stade
to start	commencer
starter	un hors-d'œuvre
stationery (department)	la papeterie
to stay	rester
to stay at home	rester à la maison
straight on	tout droit
strict	sévère
student	un(e) étudiant(e)
studies	les études
stupid	bête
subject	une matière
summer holidays	les grandes vacances
it is sunny	il fait du soleil
to surf the (inter)net	surfer sur l'internet
to swim	nager
swimming pool	la piscine
swimsuit	un maillot de bain
Switzerland	la Suisse

T

table	une table
teacher	le professeur
technology	la technologie
thank you	merci
that	ça
there is/are	il y a
throat	la gorge
from time to time	de temps en temps
tired	fatigué(e)
toast	le pain grillé
today	aujourd'hui
tomato	une tomate
tomorrow	demain
too (much)	trop (de)
toothpaste	le dentifrice
town	une ville
town hall	l'hôtel de ville
town plan	le plan de la ville
traffic	la circulation
traffic jams	les embouteillages (mpl)
trainers	les baskets
traveller's cheques	les chèques de voyage (fpl)
trousers	un pantalon
tuna(fish)	le thon
turn	tourner
twin beds	deux petits lits

U

I don't understand	je ne comprends pas
unemployed	au chômage
United States	les États-Unis
university	l'université/la faculté
unwell	malade
upstairs	en haut
usually	d'habitude
useful	utile

V

vegetables	les légumes (mpl)
vegetarian	végétarien(enne)
very	très
vocational training	la formation professionnelle

W

waiting room	la salle d'attente
to go for a walk	faire une promenade
it was	c'était
to do the washing-up	faire la vaisselle
to watch TV	regarder la télé
weak at	faible en
week	une semaine
he/she weighs …	il/elle pèse …
I went	je suis allé(e)
what kind …?	quelle sorte …?
what time …?	à quelle heure …?
where is …?	où est …?
to go windsurfing	faire de la planche à voile
it's windy	il y a du vent
with	avec
to work	travailler
work experience	une stage en entreprise
I would like	je voudrais
year	un an
yellow	jaune
yesterday	hier
yoghurt	un yaourt
youth hostel	une auberge de jeunesse

Vocabulaire

A

à feu doux	at a low heat
à ... kilomètres de	... kilometers from
100 km à l'heure	at 100 km an hour
à ... km/m/minutes	... km/m/minutes away
abattu(e)	slaughtered
un abricot	apricot
accepter une chambre	to take a room
accompagner	to accompany
d' accord	OK
à acheter	to buy
un(e) acteur(actrice)	an actor
s' adapter	to adapt yourself
l' addition (f)	the bill
additionner	to add
adolescent(e)	adolescent
adorer	to love
l' adresse (f)	the address
un(e) adulte	an adult
l' aéroport (m)	the airport
les affaires (fpl)	things
une affiche	a poster
l'heure d'affluence	the rush hour
affreux(affreuse)	awful
l' âge (m)	the age
âgé(e) de ...	... years old
un agent de police	a policeman/woman
l' aggressivité	aggression
il s' agit de ...	it is about ...
agréable	pleasant
aider	to help
l' ail	garlic
aimable	friendly
aimer	to like
j' aimerais mieux	I would prefer
je n' ai pas de aîné(e)	I don't have any older
avoir l' air	to seem
une aire de jeu	a playground
ajouter	to add
l' alcool (m)	alcohol
l' alimentation (f)	food
Si on allait ...	How about going ...
l' Allemagne	Germany
l' allemand (m)	German
allemand(e)	German
aller	to go
un aller-retour	return ticket
un aller-simple	single ticket
allô	Hello
les Alpes	the Alps
une ambulance	an ambulance
américain(e)	American
l' Amérique (f)	America
un(e) ami(e)	a friend
amicalement	with best wishes
un film d' amour	romantic film
l' amour	love
amusant(e)	funny, fun
s' amuser	to have fun
un an	year
un ananas	a pineapple
ancien(ne)	ancient/former
l' anglais (m)	English
en anglais	in English
l' Angleterre (f)	England
un animal marin	a sea animal
les animaux (mpl)	animals, pets
animé(e)	busy
une année	a year
un anniversaire (m)	a birthday
une annonce	an advert
l' annuaire téléphonique (m)	the phone directory
un anorak	a jacket
août	August
c'est ... à l' appareil (m)	it's ... on the phone
un appareil-photo	a camera
un appartement	a flat
s' appeler	to be called
apporter	to bring
apprendre	to learn
un(e) apprenti(e)	an apprentice
après	then, after
après-demain	after tomorrow
l' après-midi (m)	the afternoon
un arbre	a tree
l' argent de poche	pocket money
une armoire	a wardrobe
arrêter	to stop
l' arrivée (f)	the arrival
arriver	to arrive
arriver à la maison	to get home
l' art dramatique	drama
les arts martiaux	martial arts
un ascenseur	a lift
passer l'aspirateur (m)	to vacuum
assez de	enough
une assiette	a plate
l' Atlantique	Atlantic
attendre	to wait
atterrir	to touch down
attirer	to attract
une auberge de jeunesse	youth hostel
augmenter	to increase
aujourd'hui	today
un jeune garçon/une jeune fille au pair	an au pair boy/girl
une auto	a car
un autobus	a bus
automatique	automatic
en automne	in autumn
autour de	around
autoritaire	bossy
une autoroute	a motorway
autre	other
autres	others
à l' avance	in advance
avant	before
un avantage	an advantage
avec	with
une avenue	an avenue
un avion	a plane
À mon avis	In my opinion
avoir	to have
avoir ... ans	to be ... years old
avril	April

B

jouer au babyfoot	to play table football
faire du babysitting	to do babysitting
le bac/baccalauréat	A-Level equivalent
les bagages (mpl)	luggage
une baguette	French bread
la baignade	bathing
se baigner	to bathe
un bal	dance
le balcon	the balcony
une baleine	a whale
un ballon	a balloon, ball
une banane	a banana
la bande dessinée	the comic strip
la banlieue	the suburbs
la banque	the bank
le bar	the bar
barbant(e)	boring
une barbe	a beard
en bas	downstairs
le basket	basketball
les baskets (mpl)	trainers
le bateau	the boat
se battre	to fight
bavard(e)	chatty
bavarder	to chat
il fait beau	it is sunny
beau(belle)	beautiful
beaucoup de	a lot of
un beau-frère	a stepbrother
un beau-père	a stepfather
la beauté	beauty
un bébé	a baby
belge	Belgian
la Belgique	Belgium
une belle-mère	a stepmother
une belle-sœur	a stepsister
avoir besoin de	to need
bête	stupid
le beurre	butter
la bibliothèque	the library
un bic	biro
bicolore	two-coloured
aller bien	to be well
bien payé(e)	well paid
bien sûr	of course
bienvenue	welcome
une bière	a beer
un bifteck	a steak
les bijoux (mpl)	jewellery
un billet	a ticket
un billet de ... E	...E note
la biologie	biology
un biscuit	a biscuit
grosses bises	Lots of love
bizarre	strange
blanc(he)	white
un blanc	a blank
se blesser	to hurt oneself
blessé(e)	wounded
bleu(e)	blue
bleu marine	navy blue
blond(e)	blond
bloquer	to block
un blouson	a track-suit top
le bœuf	beef
bof	well (exclamation for when you are not too bothered about something)
boire	to drink
le bois	wood

en bois	wooden
une boisson	a drink
une boîte	a night-club/a tin
une boîte aux lettres	a letter box
une bol	a bowl
bon(bonne)	good
un bon	a voucher
bon anniversaire	happy birthday
bon appetit	enjoy your food
bon séjour	have a good trip
bon voyage	have a good journey
bon week-end	have a good week-end
un bonbon	a sweet
bonne année	happy New Year
bonne chance	good luck
bonne fête	happy Saint's day
de bonne heure	early
bonne idée	good idea
bonne journée	have a good day
bonne nuit	good night
bonnes vacances	have a good holiday
bonsoir	good evening
au bord de la mer	beside the sea
Bordeaux	Bordeaux
border	to border
un(e) boucher/ère	a butcher
bouclé(e)	curly
un(e) boulanger/ère	a baker
la boulangerie	the bakery
les boules	bowls
le boulevard	the boulevard
les petits boulots	part-time jobs
une boum	a party
une bouteille	a bottle
la boutique	the shop
le bras	the arm
la Bretagne	Brittany
une bretelle	a strap
britannique	British
une brochure	a brochure
il y a du brouillard	it's foggy
le bruit	noise
brun(e)	brown
Bruxelles	Brussels
le buffet	restaurant
un bureau	an office
le bureau de renseignements	the information office
le bureau de tabac	the tobacconist's
le bus	the bus

C

Ça va?	Are you OK?
une cabine téléphonique	a phone booth
un cadeau	a present
cadet(te)	younger
un café-crème	a coffee with hot milk
un cahier	an exercise book
la caisse	the cash desk
un(e) caissier/ière	a cashier
Calais	Calais
calme	quiet
à la campagne	in the country
le camping	the campsite
faire du camping	to go camping
le Canada	Canada
un canapé	a sofa
le cancer	cancer
un canoë-kayak	a canoe
la cantine	the canteen
une capuche	a hood
le car	the coach
les Caraïbes	the Caribbean
une caravane	a caravan
un carnet	a book of tickets
une carotte	a carrot
le carrefour	the crossroads
une carte	a card/menu/map
une carte d'identité	an ID card
une carte postale	a postcard
jouer aux cartes	to play cards
en cas d'urgence	in an emergency
une casque	a helmet
une casquette	a cap
casse-pieds	annoying
casser	to break
la cathédrale	the cathedral
la cave	the cellar
un CD	a CD
célèbre	famous
célibataire	single
une centaine	a hundred
dans le centre	in the centre
le centre commercial	the shopping centre
le centre de recyclage	the recycling centre
un centre sportif	a sports centre
les céréales (fpl)	cereal
une cerise	a cherry
C'est …	It's …
C'est-à-dire	That is to say
une chaîne hi-fi/stéréo	a hi-fi/stereo system
une chaise	a chair
chaque	every
la chambre	the bedroom
une chambre de libre	a free room
un champignon	a mushroom
chanter	to sing
un(e) chanteur/euse	singer
la charcuterie	pork butcher's
un chat	a cat
le château	the castle
il fait chaud	it is hot
avoir chaud	to be hot
chauffer	to heat
un(e) chauffeur/euse	a driver
une chaussette	a sock
une chaussure	a shoe
le chef	the boss
le chemin de fer	the railway
une chemise	a shirt
une chèque de voyage	a traveller's cheque
cher(chère)	expensive
chercher	to look for
le cheval	the horse
les cheveux (mpl)	hair
les cheveux bizarres	weird hairstyles
chez moi/toi/lui/elle	at my/your/his/her house
chic	trendy
un chien	a dog
une chiffre	a figure
la chimie	chemistry
les chips (mpl)	crisps
un chocolat chaud	a hot chocolate
Vous avez choisi?	Have you chosen?
choisir	to choose
le choix	the choice
le chômage	unemployment
une chose	a thing
un chou	a cabbage
chouette	great
une chou-fleur	a cauliflower
ci-dessous	above
ci-dessus	below
une cigarette	a cigarette
aller au cinéma	to go to the cinema
la circulation	traffic
un cirque	a circus
une cité	a housing estate
un citron	a lemon
clair(e)	light (colour)
en classe	in class
la clé	the key
un(e) client(e)	a client
le club	the club
un coca	a coke
avoir mal au cœur (m)	to feel sick
le cœur	the heart
un(e) coiffeur/euse	a hairdresser
le coin	the corner
le collège /CES	secondary school
colorié(e)	coloured
Combien de temps?	How long?
C'est combien?	How much is it?
un film comique	a comedy
commander	to order
comme ci, comme ça	so-so
commencer	to start
pour commencer	to start with
Comment dit-on … ?	How do you say…?
le commerce	business
le commissariat	the police station
communiquer	to communicate
complet (complète)	full
composez le numéro	dial the number
composter	to punch (a ticket)
Je ne comprends pas	I don't understand
les comprimés (mpl)	tablets
Service (non) compris	Service (not) included
un concert	a concert
un concours	a competition
conduire	to drive
la confiance	confidence
confirmer	to confirm
la confiserie	confectioner's
la confiture	jam
un jour de congé	a day's holiday
la consigne	left luggage
contenir	to contain
content(e)	happy
continuer	to continue
être contre	to be against
par contre	on the other hand
cool	cool

un(e) copain/copine	a friend
le corps	the body
C'est correct?	Is that right?
un(e) correspondant(e)	a penfriend
sur la côte	on the coast
la Côte d'Azur	the Riviera
le côté	the side
d'un autre côté	on the other side (of argument)
à côté de	next to
en coton	cotton
se coucher	to go to bed
une couleur	a colour
la Coupe du Monde	the World Cup
couper	to cut
la cour	the playground
le courrier	the post
le courrier électronique	email
le cours	the lesson
avoir cours à …	to have lessons at …
faire les courses	to do the shopping
court(e)	short
un(e) cousin(e)	a cousin
le coussin	the cushion
une couteau	a knife
coûter	to cost
une cravate	a tie
un crayon	a pencil
créer	to create
la crème	cream
une crêpe	crêpe, pancake
critiquer	to criticise
un croissant	a croissant
un croque-monsieur	cheese on toast with ham
les crudités (fpl)	raw vegetable salad
une cuillère	a spoon
en cuir	leather
cuire	to cook
faire la cuisine	to do the cooking
la cuisine	the kitchen
la cuisinière à gaz	the gas cooker
la cuisse de grenouille	frog's leg
le cyclisme	cycling

D

d'accord	alright
d'abord	first
dans	in
la danse	dancing
danser	to dance
la date	the date
débarrasser la table	to clear the table
au début	at the beginning
décembre	December
les déchets (mpl)	rubbish
déchiffrer	to decode
décider	to decide
décrire	to describe
décrochez	pick up the receiver
dedans	inside
la déesse	the goddess
Défense de …	You are not allowed to …
un défilé	a parade
un degré	a degree
se déguiser (en …)	to dress up (as …)
dehors	outside
le déjeuner	lunch
délicieux (délicieuse)	delicious
demain	tomorrow
demander	to ask
un demi-frère	a half-brother
un(e) demi-pensionnaire	a day pupil
une demi-sœur	a half-sister
démodé(e)	old-fashioned
les dents (fpl)	teeth
le dentifrice	toothpaste
un(e) dentiste	a dentist
le départ	the departure
dépenser	to spend
un dépliant	a leaflet
depuis	since, for
derrière	behind
descendre	to go down
la description physique	physical description
désirer	to want
Vous désirez?	What would you like?
désolé(e)	sorry
le dessert	dessert
le dessin	art
un dessin animé	a cartoon
le dessus	the top
détester	to hate
la deuxième classe	second class
devant	in front of
devenir	to become
les devoirs (mpl)	homework
un diable	a devil
le dieu	the god
difficile	hard
le dimanche	Sunday
le dîner	supper
dire	to say
les directions (fpl)	directions
la discipline	discipline
disparaître	to disappear
disponible	available
une dispute	an argument
les distractions (fpl)	the attractions
distribuer les journaux	to deliver newspapers
ça ne me dit rien	that doesn't interest me
divorcé(e)	divorced
une documentaire	a documentary
un doigt	a finger
le domaine	the area
quel dommage	what a shame
donc	so, therefore
donnez-moi …	give me …
dormir	to sleep
le dos	the back
une douche	a shower
Douvres	Dover
une douzaine	a dozen
la drogue	drugs
drogué(e)	drugged, drug addict
se droguer	to take drugs
on a le droit de …	… is allowed
à droite	on the right
drôle	funny
du … au …	from … until …
durer	to last

E

une eau minérale	a mineral water
un échange	an exchange
une école	a school
écolo(gique)	ecological
faire des économies	to save money
économiser	to save
l' Écosse (f)	Scotland
écouter	to listen to
l' éducation physique (f)	sport
efficace	effective
une église	a church
un jeu électronique	video game
l' élève (m)	a pupil
un embouteillage	a traffic jam
les émissions de télévision (fpl)	TV programmes
un emploi	a job
l' emploi du temps (m)	the timetable
un(e) employé(e)	an employee
employer	to use
emporter	to carry away
… en français?	… in French?
en	in
encore	more
encourager	to encourage
l' endroit (m)	the place
énerver	to annoy
les enfants (mpl)	children
ennuyeux	boring
enregistrer	to check in
être enrhumé(e)	to have a cold
enseigner	to teach
ensoleillé(e)	sunny
ensuite	then
s' entendre avec	to get on with
enterrer	to bury
entier (entière)	whole
entouré(e) de	surrounded by
l' entraînement (m)	training
une entrée	entrance ticket/ hall/entrance
avoir envie de	to want to
l' environnement	the environment
les environs	the surroundings
envoyer	to send
une épaulette	a shoulder pad
une épicerie	the grocer's
l' EPS/le sport	PE/games
équilibré(e)	balanced
une équipe	a team
l' équitation (f)	horse riding
un escalier	a staircase
l' espagnol (m)	Spanish
espagnol(e)	Spanish
espérer	to hope
essayer de	to try to
dans l' est (m)	in the east
n' est pas là	… is not there
l' estomac (m)	the stomach
l' estuaire (m)	the estuary
Et avec ça?	Anything else?
un étage	a floor
les États-Unis	the United States

cent quatre-vingt-cinq **185**

Vocabulaire

en été	in summer
à l'étranger	abroad
être	to be
étroit(e)	narrow
un(e) étudiant(e)	student
étudier	to study
l' Euro (m)	the Euro
faire une excursion	to go for an outing
je m' excuse	I'm sorry
excusez-moi	excuse me
extra!	great!

F

la fabrication	the manufacture
la fac/faculté	university
en face de	opposite
fâché(e)	angry
facile	easy
un(e) facteur	postman/postwoman
être faible/fort en …	to be bad/good at …
avoir faim	to be hungry
faire	to do
faire un apprentissage	to do an apprenticeship
ça me fait rire	it makes me laugh
les faits (mpl)	the facts
une chambre de famille	a family room
fatigué(e)	tired
il faut …	one/you must …
un fauteuil	an armchair
faux(fausse)	wrong
une femme	a woman, wife
la fenêtre	the window
fermé(e)	closed
fermer	to close
un(e) fermier/ière	a farmer
la fête	a festival
les (fpl) fêtes	special days
le feu	the fire
un feu d'artifice	fireworks
le feu rouge	the red light
un feuilleton	a soap
les feux	traffic lights
février	February
s'en ficher de	not to care about
une fille	a daughter
un film	a film
un fils	a son
la fin	the end
finir	to end
une fleur	a flower
le foie gras	foie gras (preserved goose or duck liver)
une fois	a time, once
foncé	dark
le football	football
la formation	the team
la formation professionnelle	professional training
être en forme	to be healthy/fit
formidable	fantastic
fort(e)	strong
le four à micro-ondes	the microwave oven
une fourchette	a fork
une fraise	a strawberry
une framboise	a raspberry
le français	French
français(e)	French
la France	France
francophone	French-speaking
un frère	a brother
le frigo	the fridge
les frites (fpl)	chips
il fait froid	it is cold
avoir froid	to be cold
le fromage	cheese
un fruit	fruit
les fruits de mer (mpl)	seafood
la fumée	smoke
fumer	to smoke
fumeur/non-fumeur	smoking/non-smoking
furieux(euse)	furious

G

gagner	to earn, win
un gant	a glove
un garage	a garage
un garçon	a waiter
garder	to keep
un(e) gardien(ne)	a caretaker
le gardien (de but)	the goalkeeper
à la gare	at the station
la gare routière	the bus station
garer	to park
un gâteau	a cake
à gauche	on the left
le gaz	gas
en général	usually
génial(e)	wonderful
le genou	the knee
les gens (malades) (mpl)	(sick) people
gentil(le)	kind
la gentillesse	kindness
la géographie	geography
un gîte	a gite
une glace	an ice-cream
une gomme	a rubber
la gorge	the throat
le goût	the taste
le goûter	snack
Grâce à …	Thanks to …
le graffiti	graffiti
une gramme	a gram
un grand lit	a double bed
le grand magasin	the department store
grand(e)	tall
la Grande Bretagne	Great Britain
les grandes vacances (fpl)	summer holidays
un(e) grand-père (-mere)	a grandfather (-mother)
un grand-parent	a grandparent
gras(se)	fat
gratuit	free of charge
grave	serious
grec(que)	Greek
la Grèce	Greece
grièvement	gravely, seriously
la grippe	the flu
gris(e)	grey
gros(se)	fat
un groupe	a group

la guerre	war
le guichet	the ticket office
la gymnastique	gymnastics

H

habillé(e)	dressed
les habitants (fpl)	the inhabitants
habiter	to live
d' habitude	usually
une habitude	a habit
s' habituer	to get used to
haché(e)	chopped
un hamburger	a hamburger
les haricots verts (mpl)	green beans
en haut	upstairs, above
l' hébergement	accommodation
un héros	A hero
par heure	per hour
l' heure (f)	time
l' heure d'affluence	rush hour
l' heure du déjeuner	lunchtime
à quelle heure?	at what time?
à huit heures	at 8 o'clock
les heures d'ouverture	opening times
heureux(euse)	happy
hier	yesterday
l' histoire (f)	history
historique	historical
en hiver	in winter
un HLM	a council flat
le hockey sur glace	(ice) hockey
hollandais(e)	Dutch
l' Hollande (f)	Holland
un homme d'affaires	a businessman
un hôpital	a hospital
l' horaire (f)	the timetable
un film d'horreur	a horror film
l' hors-d'œuvre (m)	starter
Merci de votre hospitalité	Thank you for your hospitality
à l' hôtel	at the hotel
l' hôtel de ville	the town hall
une hôtesse de l'air	an air hostess
l' huile (f)	oil
huit heures cinq	five past eight
huit heures et demie	half past eight
huit heures et quart	quarter past eight
huit heures moins cinq	five to eight
huit heures moins le quart	quarter to eight
une huître	an oyster
hurler	to howl
un hypermarché	a hypermarket

I

idiot(e)	daft
il n'y a pas de …	there aren't any …
il n'y a plus de	there are no more
il n'y en a pas	we haven't got any
il y a	there is/are
une île	an island
illuminé(e)	floodlit
immédiatement	at once
un immeuble	a block of flats
impatient(e)	impatient

un imperméable	a raincoat
impoli(e)	rude
impressionnànt(e)	impressive
une incendie	a fire
un inconvénient	a disadvantage
industriel(le)	industrial
un(e) infirmier (infirmière)	a nurse
les informations (fpl)	news
l' informatique (f)	IT
un(e) ingénieur(e)	an engineer
les installations (fpl)	installations
intelligent(e)	intelligent
interdit(e)	forbidden
il est interdit de …	… is forbidden
intéressant(e)	interesting
à l' intérieur	indoors
un(e) interprète	an interpreter
introduisez (la télécarte/pièce)	put in (the phonecard/coin)
l' intrus (m)	the odd one out
les invitations (fpl)	invitations
les invités	guests
irlandais(e)	Irish
l' Irlande (du nord) (f)	Northern Ireland
l' Italie (f)	Italy
italien(ne)	Italian

J

ne … jamais	never …
la jambe	the leg
une jambière	a shinpad
le jambon	ham
janvier	January
le jardin	the garden
faire du jardinage	to do the gardening
jaune	yellow
un jean	jeans
jeter	to throw away
un jeu	a game
un jeu télévisé	a game show
jeudi	Thursday
jeune	young
jouer aux jeux vidéo	to play electronic games
un job	a temporary job
un jogging	track-suit bottom
joindre	to join, link
joli(e)	pretty
jouer	play
un joueur	a player
par jour	per day
un jour	a day
jour férié	a public holiday
un journal	a news bulletin
la journée scolaire	the school day
tous les jours	every day
le 14 juillet	Bastille day
juillet	July
juin	June
une jupe	a skirt
le jus d'orange	orange juice
un jus de …	a … juice
jusqu'à	until/up to

K

un kilo	a kilo

L

là-bas	over there
la laboratoire	the laboratory
le lac	the lake
en laine	in wool
laisser	to leave
au lait (m)	with milk
une lampe	a lamp
un lancer de ballon	a balloon launch
une langue étrangère	a foreign language
un lapin	a rabbit
large	big
le lavabo	the basin
laver	to wash
la lave-vaisselle	the dishwasher
le le champ	the field
la lecture	reading
léger (légère)	light
un légume	a vegetable
le lendemain	the next day
une lettre	a letter
se lever	to get up
libre	free
au lieu de	instead of
avoir lieu à	it takes place in …
une limonade	a lemonade
lire	to read
faire le lit	to make the bed
aller au lit	to go to bed
un litre	a litre
un livre	a book
livrer	to deliver
se livrer à	to be engaged in
la livre sterling	the pound sterling
local	local
la location	the rental
le logement	housing/accommodation
loin de	far from
la Loire	the Loire
loisirs	leisure facilities
Londres	London
long(ue)	long
louer	to rent
lundi	Monday
la lune	the moon
les lunettes (fpl)	glasses
lui	him, her
le lycée	secondary school/grammar school
le lycée technique	technical secondary school
Lyon	Lyons

M

la machine à laver	washing machine
un magasin	a shop
un magazine	a magazine
magnifique	magnificent
mai	May
un maillot de bain/de hockey	a swimsuit/a hockey jersey
la main	the hand
la mairie	the town hall
mais	but
à la maison	at home
une maison individuelle	detached house
une maison jumelée	semi-detached house
une maison mitoyenne	terraced house
le maître	the master
pas mal de …	quite a lot of ..
avoir mal à …	to have a … ache
être malade	to be ill
une maladie (alimentaire)	an illness (food-related)
malheureux/euse	unhappy
une maman	a mother
la Manche	the English Channel
manger	to eat
manquer (le train)	to miss (the train)
un manteau	a coat
le maquillage	make-up
un marché	a market
mardi	Tuesday
un mari	a husband
un mariage	a wedding
marié(e)	married
se marier	to marry
le marketing	marketing
marron	brown
mars	March
un match de foot	a football match
un matelas	a mattress
les maths (fpl)	maths
ma matière préférée (f)	my favourite subject
le matin	the morning
ce matin	this morning
il fait mauvais	it is bad weather
méchant(e)	naughty
un(e) médecin	doctor
la Méditerranée	the Mediterranean
mélanger	to mix
être membre de …	to be a member of …
les membres de la famille (mpl)	family members
même	same
au même temps	at the same time
faire le ménage	to do the housework
ménager(ère)	household
le menu à 100E	100E menu
mercredi	Wednesday
une mère	a mother
la mer	the sea
Vous voulez laisser un message?	Do you want to leave a message?
la messe	Mass
mesurer … m	to be … m tall
la météo	the weather report
les métiers (mpl)	jobs
le métro	the underground
mettre la table	to lay the table
les meubles (mpl)	furniture
le Midi	the South of France
midi/minuit	midday/midnight
aller mieux	to be better
mignon/ne	sweet, cute
mijoter	to simmer
mince	slim
une minute	a minute
un miroir	a mirror
mixte	mixed
à la mode	fashionable
moderne	modern
moi	me
moins que	less than
un mois	a month
le monde	the world

cent quatre-vingt-sept **187**

tout le monde	everyone
la monnaie	change
Monsieur	Sir
à la montagne	in the mountains
monter	to go up
la moquette	the carpet
le morceau	the piece
une moto	a motorbike
un mouchoir	a handkerchief
mourir	to die
la moutarde	mustard
le mouton	the sheep
le Moyen Âge	the Middle Ages
le mur	the wall
le musée	the museum
écouter de la musique	to listen to music

N

nager	to swim
la natation	swimming
les nationalités (fpl)	nationalities
né(e) le …	born on …
il neige	it is snowing
nettoyer	to clean
neuf (neuve)	brand new
le nez	the nose
Noël	Christmas
noir	black
le nom	the name
dans le nord	in the north
une note	a grade
la nourriture	food
nouveau (nouvelle)	new
novembre	November
une nuage	a cloud
une nuit	a night
par nuit	per night
le numéro	the number

O

les objets trouvés (mpl)	lost property
obligatoire	compulsory
l' océan (m)	the ocean
octobre	October
un œil	eye
un œuf	an egg
à l' office de tourisme	at the tourist office
une offre	an offer
offrir	to offer, give
un oignon	an onion
un oiseau	a bird
une omelette	an omelette
un oncle	an uncle
les opinions (fpl)	opinions
optimiste	optimistic
orange	orange
un orange	an orange
un orchestre	an orchestra
jouer avec l' ordinateur (m)	to play with the computer
une ordonnance	a prescription
une oreille	ear
Où?	Where?
c'est où, …?	where is …?
j'ai oublié	I have forgotten
dans l' ouest (m)	in the west
ouvert(e)	open
ouvrir	to open

P

le pain (grillé)	bread (toast)
une paire de …	a pair of …
le panneau	the sign
un pantalon	trousers
un papa	a father
Pâques	Easter
un paquet	a packet
par contre	however
par terre	on the ground
un parapluie	an umbrella
le parc	the park
parce que	because
pardon	excuse me
les parents (mpl)	parents
paresseux/euse	lazy
parfois	occasionally
le parfum	the flavour
la parfumerie	the perfumery
Paris	Paris
le parking	the car park
parler	to speak
parmi	among
C'est de la part de qui?	Who is speaking?
le partage de poste	the jobshare
partager	to share
partir	to leave
à partir de …	from …
partout	everywhere
ne … pas	not …
pas mal	not bad
pas mal de	quite a lot of
passer	to spend, to pass time
passer l'aspirateur	to vacuum
passer le temps à	to spend one's time
passer un examen	to take an exam
les passe-temps (mpl)	hobbies
passionnant(e)	exciting
les pastilles (fpl)	pastilles
le pâté	pâté
les pâtes (fpl)	pasta
patient(e)	patient
le patin	the skate
patiner	to skate
une patinoire	an ice rink
la pâtisserie	the cake shop/pastries, cakes
un(e) patron(ne)	a boss
la pause de midi	the lunch break
mal payé(e)	badly paid
payer	to pay
les pays (mpl)	countries
le pays de Galles	Wales
aller à la pêche	to go fishing
une pêche	a peach
la pelouse	the lawn
pénible	dreadful
la pension complète	full board
un père	a father
la perle	the pearl
la permission	permission
le persil	parsley
la personnalité	the personality
par personne	per person
le personnel	the staff
les personnes âgées (fpl)	elderly (people)
peser … kilos	to weigh … kilos
pessimiste	pessimistic
le petit déjeuner	breakfast
un petit lit	a single bed
petit(e)	small
un(e) petit(e) ami(e)	boyfriend/girlfriend
des petits pois (mpl)	peas
le pétrole	oil
peu de	little
avoir peur	to be afraid
Je peux avoir …?	Can I have..?
Tu peux me prêter …?	Can you lend me …?
Je peux parler à …?	Can I speak to …?
la pharmacie	the chemist
la physique	physics
la pièce	the room/each one
une pièce de … E	… E coin
à pied	by foot
le pied	the foot
les piercings (mpl)	body piercing
les pierres levées (fpl)	the standing stones
un piéton	a pedestrian
jouer au ping-pong	to play table tennis
le pion	the lunchtime supervisor
un pique-nique	a picnic
de pire en pire	worse and worse
une piscine	a swimming pool
une pizza	a pizza
un placard	a cupboard
la place	the square
aller à la plage	to go to the beach
avec plaisir	with pleasure
un plan de la ville	a town plan
la planche à voile	wind-surfing
plat(e)	flat
le plat du jour	the dish of the day
le plat principal	the main course
en plein air	outdoors
il y a plein de plein(e) de vie	plenty of lively
il pleut	it is raining
un plombier	a plumber
plonger	to dive
la pluie	rain
il n'y a plus de	there aren't any more
de plus en plus	more and more
plus que	more than
plus tard	later
plutôt	rather
pluvieux/euse	rainy
une poche	a pocket
une poêle	a pan
le poids	the weight
la pointure	the (shoe) size
une poire	a pear
le poisson	fish
le poivre	pepper
un poivron	a pepper
poli(e)	polite
la police	the police

un film policier	a detective film
pollué	polluted
la pollution	pollution
une pomme	an apple
une pomme de terre	a potato
le pont	the bridge
le porc	pork
le port	the port
la porte	the door
porter	to wear
portugais(e)	Portugese
le Portugal	Portugal
poser une risque	to pose a risk
posséder	to own
la poste	the post office
un poster	a poster
un pot	a pot
potable	drinkable
le potage	the soup
sortir la poubelle	to take out the bin
un poulet rôti	a roast chicken
être pour	to be for
une chambre pour deux personnes	a double room
le pour et le contre	pros and cons
une chambre pour une personne	a single room
pourtant	however
pousser	to push
Pouvez-vous lui donner …	Can you give him …
le pouvoir	the power
précédent(e)	past, former
premier	first
prendre	to take
prendre rendez-vous	to arrange to meet someone
le prénom	the first name
près d'ici	close to here
présenter	to introduce
Prêt à	Ready to
Tu peux me prêter …	Can you lend me …
les prévisions (fpl)	the weather forecast
Prière de …	Kindly …
au printemps (m)	in spring
privé	private
le prix	the price, prize
le prix fixe	the fixed price
prochain(e)	next
les produits laitiers	dairy products
les produits sucrés	sweet foods
un(e) professeur	a teacher
une programme	a programme
les projets d'avenir (mpl)	future plans
faire des promenades	to go for walks
propre	clean, own
le protège-coude	the elbow-pad
protéger	to protect
la publicité	advertising
puer	to stink
puis	then
un pull(over)	a jumper
punir	to punish
un pyjama	pyjamas
les Pyrénées	the Pyrenees

Q

Qu'est-ce que vous voulez?	What do you want?
le quai	the platform
Quand?	When?
les quantités (fpl)	quantities
le quartier	the district
quel(quelle)	which
Quel est .., numéro de …	What number is the..?
À quelle heure est-ce que je peux …	At what time can I …?
quelque chose	something
quelquefois	sometimes
quinze jours	a fortnight
quitter	to leave
ne quittez pas	hold on
C'est quoi exactement?	What is it exactly?

R

raccrochez	hang up
écouter la radio	to listen to the radio
les raisins (mpl)	grapes
faire la randonnée	to go for a ramble
ranger	to tidy
rapide	fast
rappeler	to call back
le rayon	the shelf
recevoir	to receive
la récréation	break-time
le redoublement	repeating a school year
une réduction	a reduction
réduit(e)	reduced
réel(le)	real
regarder la télé	to watch TV
la région	the region
une règle	a ruler
le règlement	rules
je regrette	I'm sorry
rejeter la faute sur	to put the blame on
remarquer	to notice
les remèdes (mpl)	remedies
remplacer	to replace
remplir	to fill
remuer	to stir
se rencontrer	to meet
la rentrée scolaire	the start of the school year
rentrer	to go back
les repas (mpl)	meals
répéter	to repeat
un répondeur téléphonique	answering machine
un requin	a shark
se reposer	to rest
les réservations (fpl)	reservations
réserver	to reserve
responsable de	responsible for
ressembler à	to look like
au restaurant (m)	at the restaurant
il me reste …	I have … left
rester	to stay
les résultats (mpl)	the results
être en retard	to be late
une retenue	a detention
retirez	take away
On se retrouve à quelle heure?	What time shall we meet?
une réunion	a meeting
réussir	to succeed
réutiliser	to reuse
un réveil	an alarm clock
le rez-de-chaussée	the ground floor
le Rhône	the Rhône
les rideaux (mpl)	the curtains
ne rien	nothing …
il n'y a rien à faire	there is nothing to do
un risque	a risk
les rivières	rivers
le riz	rice
une robe	a dress
la musique rock	rock music
un roman	a novel
le rond-point	the roundabout
rose	pink
rouge	red
la route	the road
la routine	the daily routine
roux	red (hair)
la rue	the road
le rugby	rugby

S

un sac	a bag
sage	clever
sain(e)	healthy
je ne sais pas	I don't know
les saisons (fpl)	the seasons
la salade	lettuce
un salaire	a salary
sale	dirty
la salle à manger	the dining room
la salle d'attente	the waiting room
la salle de bains	the bathroom
la salle de classe	the classroom
la salle de séjour	the living room
le salon	the drawing room
samedi	Saturday
un sandwich	a sandwich
sans	without
la santé	health
les sapeurs-pompiers (mpl)	the fire brigade
la sauce	sauce
une saucisse	a sausage
un saucisson	a sausage (salami)
sauf	except
sauver	to save
le savon	soap
les sciences (f)	science
un film de science fiction	a sci-fi film
scolaire	school (adjective)
une séance	a performance
le secourisme	First Aid
Au secours!	Help!
secret (secrète)	secretive
un(e) secrétaire	a secretary
la sécurité	safety
la Seine	the Seine
un séjour	a stay
le sel	salt
par semaine	per week

une semaine	a week
un sens de l'humour	a sense of humour
sensible	sensitive
sentir mauvais	to smell bad
séparé(e)	separated
septembre	September
une série	a series
un(e) serveur/serveuse	a waiter/waitress
service (non) compris	service (not) included
une serviette	a towel
seulement	only
sévère	stern
le shopping	shopping
un short	shorts
si	if
si on allait …	let's go …
le siècle	the century
le sirop	syrup
être situé	to be situated
faire du ski nautique	to water ski
une sœur	a sister
avoir soif	to be thirsty
ce soir (m)	this evening
la soirée	the evening
un soldat	a soldier
une solde	a sale
le soleil	the sun
un sondage	survey
une sorte de	a kind of
sortes de ville	types of town
une sortie	an outing
la sortie de secours	the emergency exit
sortir	to take out/to go out
souffrir	to suffer
souligner	to underline
la soupe	soup
une souris	a mouse
sous	under
le sous-sol	the basement
sous-titré	sub-titled
des souvenirs (mpl)	souvenirs
souvent	often
les spaghetti	spaghetti
une spécialité	a speciality
un spectacle	a show
faire du sport	to do sport
les sports d'hiver (mpl)	winter sports
le stade	the stadium
une stage en entreprise	work experience
une station balnéaire	a seaside resort
le stationnement	parking
un steward	an air steward
un stylo	a pen
sucer	to suck
le sucre	sugar
sucré(e)	sweet
dans le sud	in the south
Ça ne me suffit pas	That's not enough
la Suisse	Switzerland
suisse	Swiss
suivre	to follow
super	amazing
le supermarché	the supermarket
sur	on
surgelé(e)	frozen
un surnom	a nickname
surtout	above all, mostly
surveiller	to watch over
le survêtement	the tracksuit
un sweat-shirt	a sweat shirt
sympathique/sympa	nice
le syndicat d'initiative	the tourist information office

T

le tabac	tobacco/the newsagent's
une table	a table
le tableau	the table
une tâche	a task, chore
la taille	the size, height
une tante	an aunt
une tasse	a cup
le taxi	the taxi
la technologie	technology
au téléphone (m)	on the phone
la télévision	the television
la température	the temperature
le temps	the weather, time
à temps partiel	part-time
le tennis	tennis
une tente	a tent
tenter	to try
terminer	to end
un terrain	a pitch
par terre	on the ground
la tête	the head
la tétine	the dummy/comforter
un thé	tea
un théâtre	a theatre
un ticket	a ticket
une timbre	a stamp
timide	shy
le tir à l'arc	archery
tirer	to pull
toi	you
les toilettes (fpl)	toilets
une tomate	a tomato
attendez la tonalité	wait for the tone
le tourisme	tourism
tourner	to turn
c'est tout	that's all
tout droit	straight ahead
tout le monde	everybody
tout près	close by
toutes les … minutes	every … minutes
le train	the train
en train de	in the act of
le trajet	the distance
les transports en commun (mpl)	public transport
le travail	work
travailler comme/chez	to work as/at
travailleur/euse	hard-working
traverser	to cross
très	very
un trimestre	a school term
triste	sad
trop	too
trop de	too much/too many
le trottoir	the pavement
une trousse de secours	a first-aid kit
trouver	to find
se trouver	to be situated
un T-shirt	a T-shirt
un(e) tueur(tueuse)	a killer
typique	typical

U

l' uniforme scolaire (f)	the school uniform
unique	only
l' université/la faculté	the university
une usine	a factory
utile	useful
utiliser	to use

V

les vacanciers	the holidaymakers
la vache	a cow
faire la vaisselle	to do the washing-up
le vandalisme	vandalism
la vanille	vanilla
pommes à la vapeur	boiled potatoes
varié	varied
une vedette	a star
végétarien(ne)	vegetarian
faire du vélo (m)	to go cycling
un vendeur/une vendeuse	a sales assistant
vendez-vous …?	do you sell?
vendre	to sell
vendredi	Friday
venger	to avenge
venir	to come
le vent	the wind
il fait du vent	it is windy
le ventre	the stomach
un verre	a glass
vers	at about, towards
version française	French language version
version originale	original version
vert(e)	green
une veste	a jacket
les vêtements (mpl)	clothes
veuillez (écrire)	please (write)
que veut dire … en	what does … mean
je veux bien	I would love to
la viande	meat
vide	empty
la vie	life
vieux(vieille)	old
vilain(e)	ugly
le village	the village
en ville (f)	in town
le vin	the wine
le vinaigre	the vinegar
la violence	violence
violet(te)	violet
visiter	to visit
la vitamine	the vitamin
à toute vitesse	at full speed
vivant(e)	alive
voilà	there
faire la voile	sailing
se voir	to see someone
voir un film	to see a film

la voiture	the car	**W**	
le volant	the steering-wheel	les W-C (*mpl*)	WC
jouer au volley (*m*)	to play volley ball	**Y**	
vomir	to be sick	le yaourt	yogurt
je voudrais parler à …	I would like to speak to …	y compris	including
Voulez-vous autre chose?	Would you like anything else?	les yeux (*mpl*)	eyes
un voyage (scolaire)	a (school) trip	**Z**	
voyager	to travel	zippé(e)	with a zip
faire de la VTT	to do mountain biking	une zone piétonne	a pedestrian zone
une vue sur la mer	a sea view		

Les instructions

À deux.	In pairs.
À tour de rôle.	Take turns.
Adaptez la lettre.	Adapt the letter.
Catégorisez les adjectifs.	Categorise the adjectives.
Changez les mots soulignés.	Change the underlined words.
Cherchez l'intrus.	Find the odd one out.
Choisissez.	Choose.
Commandez un repas.	Order a meal.
Comparez.	Compare.
Copiez et complétez la grille.	Copy and fill in the grid.
Copiez et complétez les blancs.	Copy and fill in the blanks.
Copiez et complétez les phrases.	Copy and complete the sentences.
D'accord ou pas?	Do you agree or not?
Déchiffrez les codes.	Decipher the codes.
Décidez si …	Decide if …
Décrivez.	Describe.
Dessinez un poster.	Draw/design a poster.
Discutez.	Discuss.
Dites des phrases complètes.	Say complete sentences.
Donnez un exemple.	Give an example.
Écoutez et notez.	Listen and note down.
Écoutez et vérifiez.	Listen and check.
Écoutez la météo.	Listen to the weather report.
Écrivez un paragraphe.	Write a paragraph.
Écrivez votre opinion.	Write your opinion.
Enregistrez-le.	Make a recording.
Épelez le nom.	Spell the name.
Expliquez votre problème.	Explain your problem.
Faites correspondre.	Match.
Faites des recherches.	Do some research.
Faites un sondage (de classe).	Do a (class) survey.
Finissez les phrases correctement.	End the sentences correctly.
Formez des phrases.	Make sentences.
Identifiez l'image.	Identify the right picture.

Indiquez si vous êtes d'accord.	Show if you agree.
Interviewez ton/ta partenaire.	Interview your partner.
Inventez des réponses.	Make up answers.
Jeu(x) de rôle.	Role play.
Lisez et répondez aux questions.	Read and answer the questions.
Mettez les phrases dans le bon ordre.	Put the sentences in the correct order.
Notez la commande.	Take down the order.
Notez l'heure.	Note the time.
Parlez de …	Talk about …
Posez et répondez aux questions.	Ask and answer the questions.
Pour ou contre?	For or against?
Pratiquez la conversation.	Practise the conversation.
Prenez des notes/le rôle de ….	Take notes/the part of ….
Préparez une présentation.	Prepare a presentation.
Qu'en pensez-vous?	What do you think?
Regardez le menu.	Look at the menu.
Préparez l'addition.	Calculate the bill.
Remplacez les mots en caractères grasses.	Replace the words in bold.
Répétez les conversations.	Repeat the conversations.
Répondez aux questions.	Answer the questions.
Séparez les phrases.	Separate the sentences.
Travaillez à deux.	Work in pairs.
Trouvez la définition.	Find the meaning.
Trouvez le bon nom.	Find the correct name.
Trouvez le dessin qui correspond.	Find the matching picture.
Trouvez le mot/le français pour …	Find the word/the French for …
Trouvez le nom de …	Find the name of …
Trouvez un exemple.	Find an example.
Utilisez un dictionnaire.	Use a dictionary.
Vérifiez vos réponses.	Check your answers.